W0049568

DU BIST IN UNSERER MITTE

Petra Gaidetzka (Hg.)

DU BIST
IN UNSERER
MITTE

Die Haus- und Krankenkommunion

HERDER

FREIBURG · BASEL · WIEN

Verlag Herder GmbH, Freiburg im Breisgau 2008
Alle Rechte vorbehalten
www.herder.de

Umschlagkonzeption: Groothuis, Lohfert, Consorten | glcons.de
Umschlaggestaltung: Finken & Bumiller
Umschlagmotiv: © Chantal Hug OSB

Die Bibeltexte sind entnommen aus:
Einheitsübersetzung der Heiligen Schrift
© 1980 Katholische Bibelanstalt, Stuttgart

Gott schenke seine Nähe, S. 121–133
© Ida Kamp

Herstellung: fgb · freiburger graphische betriebe
www.fgb.de

Gedruckt auf umweltfreundlichem, chlorfrei gebleichtem Papier
Printed in Germany

ISBN 978-3-451-32015-6

INHALT

Inhalt

Liebe Leserinnen und Leser,
liebe Seelsorgerinnen und Seelsorger,
liebe ehrenamtliche Mitarbeiterinnen und Mitarbeiter,

wer durch Krankheit, Alter oder Behinderung an das Haus gebunden ist, wer eine Zeit im Krankenhaus oder in einer Pflegeeinrichtung verbringen muss, kann nicht mehr wie sonst am »normalen Leben« teilnehmen. Er muss sich mit Krankheit und Schmerzen, seiner Abhängigkeit von anderen Menschen und mit der Endlichkeit seines Lebens auseinandersetzen. In dieser Situation ist es sehr wichtig, dass die Pfarrgemeinde ihre Kranken nicht allein lässt. Die Krankenseelsorge umfasst Besuche und Gespräche, Gebet und Gottesdienst mit den Kranken, Kommunionfeier und Krankensalbung. So erfahren kranke, betagte oder behinderte Menschen, dass sie weiterhin zur Gemeinde gehören, dass sie wahrgenommen und geschätzt und in das Gemeindeleben einbezogen werden. Die Verbindung zwischen der Gemeinde und ihren kranken Mitgliedern wird besonders deutlich in der Feier der Kommunion am Krankenbett.

Heute werden verstärkt ehrenamtliche Mitarbeiterinnen und Mitarbeiter an der Krankenseelsorge beteiligt. Das gilt auch für die Krankenkommunion. Ehrenamtliche Kommunionhelferinnen und Kommunionhelfer bringen sie in die Wohnung, zum Teil auch ins Krankenhaus, Altenheim oder Hospiz. Auch dadurch wird sichtbar, dass die *Gemeinde insgesamt* sich für ihre kranken Mitglieder verantwortlich fühlt – nicht nur der Pfarrer oder Diakon oder die Gemeindereferentin, zu deren Arbeitsfeldern die Krankenpastoral gehört.

Dieses Buch enthält Vorschläge für die Gestaltung von Krankenkommunionfeiern und will Seelsorgerinnen und Seelsorger sowie Kommunionhelferinnen und -helfer in ihrem Dienst unterstützen. Im Vorfeld habe ich viele Gespräche mit Menschen in der Praxis geführt, die mir häufig sagten: »Ich halte die Kommunionfeier lieber völlig frei, formuliere die Gebete jeweils aus der Situation heraus – ein fertiges Modell zugrunde zu legen, kann ich mir kaum vorstellen.« Andere, vor allem ehrenamtlich Tätige, äußerten, dass sie für

Texte, Segensformeln, Liedvorschläge, auch für Beispiele, wie eine Kommunionfeier aufgebaut sein kann, sehr dankbar wären. So glaube ich, dass eine solche Handreichung durchaus ihren Sinn hat. Der eine wird eine Vorlage, die ihm gefällt, so übernehmen, wie sie ist – der andere wird sie variieren, kürzen oder erweitern, durch eigene Elemente ergänzen, oder er wird sich aus verschiedenen Modellen »Bausteine« heraussuchen. Natürlich hängt die Gestaltung der Feier wesentlich von der Situation, von den Bedürfnissen der/des Kranken ab. Äußere Gegebenheiten – etwa ein knapper Zeitraum, der im Krankenhaus für die Kommunionfeier zur Verfügung steht, große Hinfälligkeit des Kranken, eine kurze Aufmerksamkeitsspanne, Übelkeit nach einer Operation, Infektionsgefahr – können es erforderlich machen, die Feier sehr kurz und einfach zu halten.

Den Kranken sollte es ermöglicht werden, »mit ihren Sinnen« zu feiern. Dass eine Kerze angezündet, ein kleiner Altar hergerichtet wird, sollte selbstverständlich sein. Auch der Gesang hat eine wichtige Funktion. Leider wird man meistens auf Begleitung durch ein Musikinstrument verzichten müssen. Eventuell kann zu Beginn ruhige Musik von einer CD eingespielt werden. Nicht jedem fällt es leicht, ein Lied anzustimmen. Die meisten Gottesdienstmodelle enthalten Liedvorschläge; aber selbstverständlich kann der Text eines Liedes auch gebetet werden.

Gerade in besonders kritischen Situationen – wenn ein Mensch schwerkrank, kaum ansprechbar oder in großen Ängsten ist, am Krankenbett eines Kindes oder am Bett eines Sterbenden – kann ein Lied beruhigend und entlastend wirken. Manchmal genügt es, einige Takte einer bekannten Melodie zu summen. Besonders geeignet sind dafür Lieder, die einen »Wiegenliedcharakter« haben, zum Beispiel »Von guten Mächten wunderbar geborgen«, ein Lied, das sich auch im Gotteslob in vielen Diözesananhängen findet.

Sehr wichtig ist auch die Berührung mit der Hand. Sie knüpft unmittelbarer den Kontakt zu einem Kranken, als Worte es vermögen. Auch ein Mensch, der mich nicht mehr zu hören scheint, wird die Berührung noch empfinden und genießen; die unmittelbare Reaktion – etwa dass der Atem ruhiger wird und die Gesichtszüge sich entspannen – macht das oft deutlich. Man kann, wenn man am Bett eines schwerkranken oder sterbenden Menschen einen Psalm betet,

seine Hand oder Stirn berühren. Die Handauflegung ist bereits eine Segensgeste, wie etwa, wenn Eltern ihre Kinder segnen; auch wenn wir uns selbst segnen, indem wir uns mit dem Kreuz bezeichnen, berühren wir Stirn und Brust.

Jede Kommunionfeier endet mit einer Segensbitte. Die meisten ehrenamtliche Kommunionhelferinnen und -helfer verzichten allerdings lieber auf liturgische Segensformeln. Im Kapitel II (»Messfeier am Krankenbett«, S. 74–76) und im Kapitel VII (»Gebete und Schrifttexte zur Auswahl«, S. 182–184) finden sich alternative Segensgebete.

Krankenbesuche sind manchmal schwierig und belastend. Besonders in Städten erleben die Seelsorger und Kommunionhelfer oft, dass sie allein mit dem Kranken sind. Die Auflösung der klassischen Familienstrukturen hat in unserer Zeit die Zahl der Alleinlebenden stark anwachsen lassen. Viele alte Menschen haben buchstäblich niemandem, mit dem sie ihr Leben teilen können, und leiden unter großer Einsamkeit. Solange sie »mobil« sind, kommen viele Senioren mit ihrer Single-Existenz gut zurecht – aber das ändert sich, wenn Krankheit ihre Bewegungsfreiheit einschränkt und die Kontakte zu Freunden, früheren Kollegen oder zur Seniorengruppe wegbrechen. Besuch zu bekommen, ein Gespräch führen zu können – das heißt: am Leben teilzunehmen! Da kann der Seelsorger, die Besuchsdienstmitarbeiterin, der Kommunionhelfer zur wichtigen Ansprechperson werden. Die Besuchenden geraten in dieser Situation aber auch leicht unter Druck, denn der Kranke versucht möglicherweise, sie völlig in Beschlag zu nehmen. Eine gewisse innere Distanz zu wahren und dennoch dem einsamen und kranken Menschen mit großer Herzlichkeit und Aufmerksamkeit zu begegnen, ist gar nicht so leicht. Auch einen Schlusspunkt zu setzen nach der Kommunionfeier und sich zu verabschieden, kann zur Herausforderung werden.

Wenn der Kranke nicht allein ist, sollte es selbstverständlich sein, die Angehörigen bzw. die im Zimmer Anwesenden zur Kommunionfeier einzuladen. Manchmal sind Angehörige sehr dominierend; dann sollte man sie bitten, nur leise mitzubeten und von Kommentaren und kleinen Handreichungen für den Kranken während der Kommunionfeier abzusehen. Zuweilen spüren Kommunion-

helferinnen und -helfer die Verbitterung und Verhärtung eines Kranken, oder sie werden mit der bohrenden Frage konfrontiert: »Warum ausgerechnet ich?« Wenn ihnen Ablehnung entgegenschlägt, ist diese vielleicht in Unsicherheit und Angst begründet.

Alle diese Beispiele machen deutlich, dass es sich um einen Dienst handelt, der viel Einfühlungsvermögen, Herzenswärme, aber auch innere Stärke von den Seelsorgerinnen und Seelsorgern und ehrenamtlichen Mitarbeiterinnen und Mitarbeitern verlangt. Sie müssen zuhören, Verschwiegenheit bewahren und schwierige Situationen mit Fingerspitzengefühl handhaben können. Dieses Buch ist kein Ratgeber, der für alle denkbaren Probleme die passenden Lösungen präsentiert. Die Vorlagen für Kommunionfeiern im häuslichen Rahmen, im Krankenhaus oder Hospiz sollen Sie bei Ihrer Vorbereitung und der Gestaltung der Liturgie unterstützen. Es gibt darüber hinaus noch viele weitere empfehlenswerte Bücher und Arbeitshilfen zur Alten- und Krankenpastoral, zur Begleitung Demenzkranker und Sterbender, die Ihnen wertvolle Anregungen und praktische Hilfestellung bieten.

Nicht nur Kranke sind manchmal ratlos, traurig und erschöpft. Vielleicht können Sie als Seelsorgerinnen und Seelsorger oder Kommunionhelferinnen und -helfer sich in *Elija am Berg Horeb* oder in den *Jüngern, die nach Emmaus* gingen, wiederfinden. Im 1. Buch der Könige wird berichtet, wie Elija tief deprimiert in die Wüste hinauszieht (1 Könige 19,1–13a). Der Prophet meint, er sei an seiner Aufgabe gescheitert, und legt sich unter einem Ginsterstrauch nieder, um zu sterben. Doch der Engel des Herrn lässt nicht zu, dass er sich seiner Niedergeschlagenheit und seinem Selbstmitleid überlässt. Er sorgt für Speise und Trank und sagt zu Elija: »Steh auf und iss, sonst ist der Weg zu weit für dich.« Sicher glauben auch Sie manchmal, Ihrem Auftrag nicht gerecht zu werden. Sie haben nach einem Besuch das Gefühl, den Kranken nicht erreicht zu haben. Sie fühlen sich zurückgewiesen; Sie stellen sich selbst in Frage. Sie spüren, welche existenziellen Fragen den Kranken bedrängen, und haben keine Antwort darauf. Ist Gott wirklich der starke Helfer, hört er auf Ihre Gebete und die des Kranken? Ist er gerecht? Elija erlebt am Gottesberg Horeb ein heftiges Unwetter: »Doch der Herr war nicht im

Sturm.« Ein Beben erschüttert die Erde: »Doch der Herr war nicht im Erdbeben« – und ebenso wenig im Feuer. Sie erleben bei Ihren Besuchen heftige Gefühle, sie werden Zeuge, wie Kranke und ihre Angehörigen aufbegehren, und sind selbst erschüttert. Aber Gott scheint sich ins Schweigen zurückzuziehen. Denken Sie an die Wüstenerfahrung des Elija: Als er keine Hoffnung mehr hatte, trieb ihn der Engel zum erneuten Aufbruch. Als das Gewitter, das Beben und das Feuer ihn enttäuschten, »kam ein sanftes, leises Säuseln. Als Elija es hörte, hüllte er sein Gesicht in den Mantel, trat hinaus und stellte sich an den Eingang der Höhle. Da vernahm er eine Stimme.« Gott antwortet uns oft fast unhörbar. Gerade für Menschen, die in Seelsorge und Diakonie vielfältige Aufgaben erfüllen, die tagtäglich unterschiedlichen Menschen begegnen und allen möglichen Anforderungen genügen sollen, ist es deshalb wichtig, gelegentlich die Stille aufzusuchen. Diese Stille kann man vor oder nach einem Besuch, vor oder nach einer Kommunionfeier vor dem Tabernakel finden, aber auch zu ganz anderen Zeiten und an anderen Orten – dort, wo Sie sich wohlfühlen, in der Natur, in der Nähe eines Menschen, der Sie wortlos versteht, oder am Bett eines Sterbenden.

Die Emmaus-Jünger waren enttäuscht und mutlos wie Elija, als sie am Abend des Ostertages der Stadt Jerusalem den Rücken kehrten (Lukas 24,13–35). Sie hatten ihre ganze Hoffnung auf Jesus gesetzt – »doch unsere Hohepriester und Führer haben ihn zum Tod verurteilen und ans Kreuz schlagen lassen … Und heute ist schon der dritte Tag, seitdem das alles geschehen ist.« Da schließt sich ihnen ein Mann an, den sie nicht erkennen. Er hört ihnen zu; dann deutet er ihnen die Stellen in der Heiligen Schrift, die sich auf den Messias beziehen. Er nimmt ihre Einladung zum Essen an und teilt das Brot mit ihnen. »Da gingen ihnen die Augen auf, und sie erkannten ihn; dann sahen sie ihn nicht mehr. Und sie sagten zueinander: Brannte uns nicht das Herz in der Brust, als er unterwegs mit uns redete und uns den Sinn der Schrift erschloss?« Wenn Sie eine Kommunionfeier vorbereiten, wenn Sie einen Schrifttext, einen Psalm auswählen, wenn Sie die Kommunion am Krankenbett spenden, sollten Sie es nicht nur für den Kranken tun, sondern auch für sich selbst. Feiern Sie mit dem Kranken. Denn dann spüren Sie, dass Jesus mit dabei ist – an der Seite des Kranken, aber auch an Ihrer Seite.

Die Gottesdienstmodelle dieses Buches orientieren sich an den Zeiten des Kirchenjahres (S. 20–64 – in Kapitel I), nehmen aber auch besondere Lebenslagen der Kranken in den Blick: »vor einer Operation«, »nach einer folgenschweren Diagnose«, wenn eine Demenzerkrankung vorliegt, am Krankenbett eines Kindes oder eines Sterbenden … Stets sind einige Hinweise zur Gestaltung der Kommunionfeier vorgeschaltet; zum Teil berichten die Autorinnen und Autoren von ihren tatsächlichen Erfahrungen aus Gemeinde, Krankenhaus und Hospiz.

Herzlich möchte ich Schwester Maria Hildegard Jansen, Aachen/Bochum, und Herrn Pater Klaus Jochum SJ, Köln, danken, die zu ausführlichen Gesprächen bereit waren und mir aus ihrer Praxis der Hospiz- und Krankenhausseelsorge wertvolle Anregungen gegeben haben.

Petra Gaidetzka

Von guten Mächten

1. Von gu-ten Mäch-ten treu und still um-ge-ben,

be-hü-tet und ge-trös-tet wun-der-bar,

so will ich die-se Ta-ge mit euch

le-ben und mit euch ge-hen

in ein neu-es Jahr. *Refrain:* Von gu-ten Mäch-ten

wun-der-bar ge-bor-gen, er-war-ten wir ge-trost,

was kom-men mag. Gott ist mit uns am

A-bend und am Mor-gen und

ganz ge-wiss an je-dem neu-en Tag.

2. Noch will das Alte unsere Herzen quälen,
noch drückt uns böser Tage schwere Last.
Ach, Herr, gib unseren aufgescheuchten Seelen
das Heil, für das du uns bereitet hast.

3. Und reichst du uns den schweren Kelch,
den bittren des Leids, gefüllt bis an den höchsten Rand,
so nehmen wir ihn dankbar ohne Zittern
aus deiner guten und geliebten Hand.

4. Doch willst du uns noch einmal Freude schenken
an dieser Welt und ihrer Sonne Glanz,
dann woll'n wir des Vergangenen gedenken
und dann gehört dir unser Leben ganz.

5. Lass warm und still die Kerzen heute flammen,
die du in unsere Dunkelheit gebracht.
Führ, wenn es sein kann, wieder uns zusammen.
Wir wissen es, dein Licht scheint in der Nacht.

6. Wenn sich die Stille nun tief um uns breitet,
so lass uns hören jenen vollen Klang
der Welt, die unsichtbar sich um uns weitet,
all deiner Kinder hohen Lobgesang.

T: Dietrich Bonhoeffer 1944 M: Siegfried Fietz 1970
© Text: Gütersloher Verlagshaus, Gütersloh, in der Verlagsgruppe Random House GmbH
© Musik: Abakus Schallplatten & Ulmtal Musikverlag Barbara Fietz, Greifenstein

Vorwort

I
GOTT BEGLEITE DICH!

Die häusliche Kommunionfeier

Der Hausbesuch mit Spendung der Krankenkommunion ist ein wichtiges Element der Krankenseelsorge in der Gemeinde. Aber die Personalsituation und die Vielfalt von Verwaltungsaufgaben, mit denen die Seelsorger und ihre hauptamtlichen Mitarbeiterinnen und Mitarbeiter überschüttet sind, führt an vielen Orten dazu, dass Krankenbesuche reduziert, vor allem aber: dass ehrenamtliche Kräfte einbezogen werden. Dass Kommunionhelferinnen und Kommunionhelfer aus der Gemeinde zu den Kranken gehen, um ihnen die Eucharistie zu bringen, ist allerdings nicht nur ein »Notbehelf«: So kann besonders deutlich werden, dass die Kranken Teil der Gemeinde sind, mit denen sich die Gemeinde solidarisch verbunden fühlt.

Oft bleibt es nicht bei einem einmaligen Besuch, einer einmaligen Kommunionfeier; es entwickelt sich zwischen den Beauftragten der Gemeinde und den häufig betagten, pflegebedürftigen, manchmal bettlägerigen Gemeindemitgliedern eine enge Beziehung, die sich über einen längeren Zeitraum erstreckt. Auch für die pflegenden Angehörigen kann die Besucherin oder der Besucher zur wichtigen Bezugsperson werden. Es ist eine Aufgabe, die in ihren Möglichkeiten, aber auch Belastungen nicht unterschätzt werden sollte! Deshalb sind ehrenamtliche Kommunionhelferinnen und -helfer auf die Unterstützung und geistliche Begleitung durch einen Gemeindeseelsorger bzw. -seelsorgerin oder eine besonders ausgebildete Person angewiesen. Die Ehrenamtlichen profitieren davon, wenn sie ihren Dienst nicht isoliert tun, sondern in eine Besuchsdienstgruppe eingebunden sind. Diese Gruppe sollte sich von Zeit zu Zeit zum Erfahrungsaustausch und auch zum gemeinsamen Gebet treffen.

Die häusliche Kommunion soll die Kranken mit der Gemeinde und ihrer Eucharistiefeier verbinden. Deshalb ist es sinnvoll, die Kommunion nach der sonntäglichen Gemeindemesse zu überbringen

und das Evangelium des Sonntags in den Mittelpunkt der kleinen
Feier zu stellen. An vielen Orten ist das üblich. Krankenbesuche finden aber auch wochentags statt, und jeder Seelsorger, jede Kommunionhelferin wird die Kommunionfeier auf eigene Art gestalten
– manch eine(r) tut dies mit frei formulierten Gebeten, mit Schrift-
worten, die je nach Anlass, Jahreszeit oder psychischer Gestimmtheit ausgesucht werden, während andere gern zu bekannten Wech-
selgebeten und Responsorien greifen. Für manche ist Singen ein
wesentlicher Bestandteil des Hausgottesdienstes; andere scheuen
davor zurück. Wer sich schwer damit tut, ein Lied anzustimmen
oder gar allein vorzusingen, kann stattdessen auch den Text eines
bekannten Liedes vorbeten. Eine Segensgeste fällt dem einen leicht,
dem anderen nicht, aber ein eigenes, ganz schlichtes Segenswort
berührt den Kranken oft viel tiefer als ein abgelesener Text, und das
Auflegen der Hand gibt dem Segen ein besonderes Gewicht. Seelsorger und Ehrenamtliche sollten die Freiheit nutzen, die ihnen der
häusliche und private Rahmen bietet. Die Kommunionspendung
sollte auf jeden Fall immer in eine kleine liturgische Feier eingebunden sein; wie diese Feier aber aussieht, das hängt einerseits von den
Anforderungen und Notwendigkeiten der Situation ab, andererseits
können und sollen Priester, Diakone, pastorale Mitarbeiterinnen und
Mitarbeiter und Ehrenamtliche durchaus ihre Stärken und ihren persönlichen Stil einbringen.

Normalerweise schließt sich die Spendung der Kommunion an
einen Wortgottesdienst an. Die nachfolgenden Gottesdienstmodelle setzen diese »kleine Form«, die kurze häusliche Feier am Krankenbett, voraus. Es ist natürlich ebenfalls möglich, im häuslichen
Kreis die Eucharistie mit dem Kranken und seinen nächsten Angehörigen zu feiern (s. S. 65–76 – in Kapitel II). Entsprechend er-
gänzt, können die Modelle auf S. 20–64 (in Kapitel I) auch genutzt
werden, um eine solche Hausmesse zu gestalten.

Ob kleine Feier oder Krankenmesse: Sorgfältige Vorbereitung
sollte selbstverständlich sein. Der Kranke darf niemals das Gefühl
haben, dass der Besucher, sei es der Pfarrer, sei es eine Kommunionhelferin, unter Zeitdruck steht und mit den Gedanken schon beim
nächsten Termin ist. Feiern, Beten, innerlich zur Ruhe kommen, die
eigene Situation überdenken, sich öffnen – all das braucht Zeit und

den »eingeschalteten Kontakt« zwischen dem Kranken und der Person, die die Kommunion überbringt. So sollte am Anfang ein kurzes, aber herzliches Gespräch stehen. Es versteht sich, dass man sich beim ersten Besuch vorstellt und auch später nie auf ein paar persönliche Worte – auch zu den Pflegenden – verzichtet.

Vor dem ersten Besuch kann man den Rahmen absprechen, den die Angehörigen für die Feier vorbereiten sollen, wenn die entsprechenden Möglichkeiten gegeben sind: ein kleiner weiß gedeckter Tisch oder ein weißes Tuch über dem Nachttisch, Kerze oder Teelicht, Streichhölzer, vielleicht eine Vase mit Blumen, ein Kreuz, falls vorhanden, und ein Gotteslob, wenn daraus gebetet oder gesungen werden soll. Wenn es nötig ist, kann der Seelsorger oder Kommunionhelfer ein kleines (Steh-)Kreuz, eine kleine Osterkerze und ein Gotteslob, gegebenenfalls eine Bibel, in der die ausgewählte Schriftstelle markiert wurde, selbst mitbringen.

Es ist in jedem Fall wichtig, den Kranken einzubeziehen und ihn zum Mitbeten und Nachsprechen – soweit es sein Zustand zulässt – einzuladen. Dabei gilt, dass der Kranke das »Gebetstempo« vorgibt, nicht der Ehepartner oder andere anwesende Personen oder der Zelebrant. Handelt es sich um einen sehr alten oder schwerkranken Menschen, sollte die Feier möglichst kurz gehalten werden. Oft muss der Zelebrant dann die entsprechenden Antworten oder das abschließende »Amen« selbst sprechen und das Vaterunser vorbeten – wenn nicht die Angehörigen mitbeten.

Der Ablauf der Feier ist variabel, enthält aber einige Kernelemente: Hinführendes Gebet – Schuldbekenntnis/Kyrie – Schriftwort mit einer kurzen anschließenden Deutung – Vaterunser – »Herr, ich bin nicht würdig« und Kommunionspendung – Dankgebet und Segen.

Menschwerdung
Im Advent

Kreuzzeichen
Adventliche Freude und Frieden diesem Haus und allen seinen Bewohnern!

Hinführung
Wieder bereiten wir uns auf die Geburt Jesu, des Gottessohnes, vor. Wir feiern ein geschichtliches Ereignis, aber wir feiern nicht etwas Vergangenes. Die Menschwerdung Gottes hat mit uns und unserem konkreten Leben zu tun. Weil Gott Mensch wurde, gewann unser Leben Sinn und Ziel. *»Als Lebewesen wurden wir geboren, Menschen müssen wir erst noch werden«* (Marc Aurel).

Menschwerdung ist ein Prozess, ist abenteuerlich; jeder Tag bringt Überraschungen, Aufgaben, Begegnungen mit anderen Menschen. Advent bedeutet, sich dessen neu bewusst zu werden. Advent heißt Neuanfang: neu Hoffnung und Zuversicht haben, weil Gott Mensch geworden ist.

Schriftwort: Philipperbrief 4,4–7
Freut euch im Herrn zu jeder Zeit! Noch einmal sage ich euch: Freut euch!

Eure Güte werde allen Menschen bekannt. Der Herr ist nahe. Sorgt euch um nichts, sondern bringt in jeder Lage betend und flehend eure Bitten mit Dank vor Gott! Und der Friede Gottes, der alles Verstehen übersteigt, wird eure Herzen und eure Gedanken in der Gemeinschaft mit Christus Jesus bewahren.

Einige Gedanken
Wir gehen wieder dem Weihnachtsfest entgegen. Es ist das Fest der Geburt unseres Herrn Jesus Christus: Wir erinnern uns an den Tag

und das Ereignis der Menschwerdung Gottes. Wir erinnern uns – aber wir schauen nicht auf Vergangenes zurück. Weil Gott Mensch wurde, dürfen wir wahrhaft als Menschen leben. Er hat unserem Weg Sinn, Tiefe und Ziel gegeben. Er ist und bleibt unser Weggefährte. Sein Licht erleuchtet unsere menschlichen Wege. *»Licht bedeutet nicht, dass es keine Nacht mehr gibt, aber es bedeutet, dass die Nacht erhellt und überwunden werden kann«* (H. Fries).

Das ist die Hoffnung, die wir haben: Hoffnung, aus der wir leben können, die uns stärkt und mit Freude erfüllt.

»Weihnachten ist wie ein Schlüsselloch, durch das auf unseren dunklen Erdenweg ein Schein aus dem Himmel fällt« (Friedrich von Bodelschwingh).

Fürbitten

Gott, unser Vater, wieder ist die erwartungsvolle Zeit des Advent gekommen. Wir wollen deinem Sohn, unserem Herrn Jesus Christus, Wege in unser Leben bereiten. Erfülle unsere Herzen mit Vorfreude und Sehnsucht auf sein Kommen.
Gemeinsam: Wir bitten dich, erhöre uns.

Lass uns all das beiseiteschaffen, was seinem Kommen im Wege ist: Unzufriedenheit, Streit und Gleichgültigkeit.
Gemeinsam: Wir bitten dich, erhöre uns.

Ja, lass Weihnachten werden, schenke uns den Frieden und die Freude des menschgewordenen Gotteswesens.
Gemeinsam: Wir bitten dich, erhöre uns.

Herr Jesus Christus, du bist Mensch geworden – einer von uns! Wir wollen dich erwarten, dich in unser Herz und unser Leben aufnehmen, denn du bist das Lamm Gottes, das hinwegnimmt die Sünde der Welt.

Öffnen der Pyxis

Vaterunser

Beten wir mit den Worten, die Jesus uns gelehrt hat: Vater unser …

Kommunionspendung

Gebet
Herr Jesus Christus,
wir haben dich empfangen.
Stärke uns auf dem Weg nach Weihnachten.
Komm zu uns
und hilf uns bei unserer eigenen Menschwerdung,
lass uns Menschen werden nach Gottes Wohlgefallen.

Segensbitte
Dazu segne uns der gütige Gott,
der Vater und der Sohn und der Heilige Geist.

Gott ist mit uns
Zum Weihnachtsfest

Als kleine Gabe für die Kranke / den Kranken eignet sich die Bildkarte Nr. 305024 aus dem ars liturgica Kunstverlag Maria Laach (»Blühende Rose« von Oswald Kettenberger).

Lied
Es ist ein Ros entsprungen, GL 133

Kreuzzeichen

Eröffnung
Wüste und Öde sollen sich freuen,
die Steppe soll jubeln und blühen.

Bedeckt mit Blumen soll sie üppig blühen
und jubeln, ja jubeln und jauchzen.

Mein Volk wird schauen die Herrlichkeit des Herrn
und die Schönheit unseres Gottes.

Stärkt die schlaffen Hände,
festigt die wankenden Knie!

Sprecht zu den Verzagten:
Seid stark, fürchtet euch nicht.

Seht da, euer Gott!
Er selbst wird kommen und euch retten.
Aus Jesaja 35 (Verse 1–4, gekürzt, Textfassung: GL 124)

Schuldbekenntnis

Herr, das Warten auf einen Menschen,
das Warten auf ein Fest verändert unser Leben.
Wir sind anders – froh und bange zugleich.
Besinnen wir uns, damit wir wirklich bereit werden,
dich zu empfangen.

Das Schuldbekenntnis (GL 353,4) kann gemeinsam gesprochen
werden. Ist der/die Kranke nicht in der Lage mitzusprechen, kann
es ihm/ihr auch vorgesprochen werden

Ich bekenne Gott, dem Allmächtigen,
und allen Brüdern und Schwestern,
dass ich Gutes unterlassen und Böses getan habe –
ich habe gesündigt in Gedanken, Worten und Werken
durch meine Schuld, durch meine Schuld,
durch meine große Schuld.
Darum bitte ich die selige Jungfrau Maria,
alle Engel und Heiligen
und euch, Brüder und Schwestern,
für mich zu beten bei Gott, unserem Herrn.

Der allmächtige Gott erbarme sich unser.
Er lasse uns die Sünden nach und führe uns zum ewigen Leben.

Schriftlesung: Matthäus 1,18–24

Mit der Geburt Jesu war es so: Maria, seine Mutter, war mit Josef ver-
lobt; noch bevor sie zusammengekommen waren, zeigte sich, dass
sie ein Kind erwartete – durch das Wirken des Heiligen Geistes.
Josef, ihr Mann, der gerecht war und sie nicht bloßstellen wollte,
beschloss, sich in aller Stille von ihr zu trennen. Während er noch
darüber nachdachte, erschien ihm ein Engel des Herrn im Traum
und sagte: Josef, Sohn Davids, fürchte dich nicht, Maria als deine
Frau zu dir zu nehmen; denn das Kind, das sie erwartet, ist vom Heiligen Geist. Sie wird einen Sohn gebären; ihm sollst du den Namen
Jesus geben; denn er wird sein Volk von seinen Sünden erlösen. Dies

alles ist geschehen, damit sich erfüllte, was der Herr durch den Propheten gesagt hat: Seht, die junge Frau wird ein Kind empfangen, einen Sohn wird sie gebären, und man wird ihm den Namen Immanuel geben, das heißt übersetzt: Gott ist mit uns.

Evangelium unseres Herrn, Jesus Christus.
Gemeinsam: Lob sei dir, Christus.

Deutung und Betrachtung des Bildmotivs »Blühende Rose«

Als Gott Mensch wurde, hat er nicht nur so getan als ob: Er hat kein Theater gespielt, das Menschsein nicht wie ein Kostüm angezogen, das man nach der Vorstellung wieder ablegt. Als Gott Mensch wurde, ist er unter unsere Haut gegangen. Er hat das Menschsein mit allem, was dazu gehört, kennengelernt und wirklich erfahren: Glück und Leid, Freude und Trauer, Zorn und Jubel, Sehnsucht und Schmerz, Schwäche und Stärke. Alle Regungen des menschlichen Lebens sind ihm bekannt. Nichts ist ihm fremd.

Die Rose auf dieser Karte kann uns zum Bild dafür werden, was wir an Weihnachten feiern. Wunderschön ist sie anzusehen mit ihrer Blütenpracht. Einzigartig ist die Rosenblüte in ihrer Anmut. Doch die Blüte allein wäre nichts, sie geht aus einem Stängel hervor, der frische grüne Blätter und Dornen trägt. Wachstum, nicht Stillstand. Keine Rose ohne Dornen, keine Liebe ohne Schmerz, kein menschliches Glück ohne Schattenseiten.

Die Erfahrung unseres eigenen Lebens bestätigt diese Wahrheit, die Gott selbst erfahren hat, als er in Jesus Christus Mensch geworden ist. Zugleich fällt von diesem Geheimnis der Weihnacht ein stiller Glanz auf unser menschliches Unterwegssein. Gott ist mit uns, das ist der tiefste Grund unserer Freude an dem Fest, auf das wir uns vorbereiten.

Kommunion

Herr, schenke NN. und allen Menschen, die ihm/ihr nahe stehen, schenke unserer ganzen Gemeinde den Frieden der Heiligen Nacht.

(Die Hostie wird erhoben und dem Kranken gezeigt.) Seht das Lamm Gottes: Es nimmt hinweg die Sünde der Welt.

Wenn möglich, gemeinsam gesprochen: Herr, ich bin nicht würdig, dass du eingehst unter mein Dach, aber sprich nur ein Wort, so wird meine Seele gesund.

Kommunionvers:
Unser Gott ist auf Erden erschienen
als Mensch unter Menschen.

Kommunionspendung

Danksagung
Gott, bald feiern wir die Geburt deines Sohnes.
Er kam, um Frieden zu bringen in eine Welt voller Unfrieden.
Er kam, um die Verzagten und Mutlosen aufzurichten.
Er kam, um Licht zu sein für jene, die im Dunkeln leben.

Mit Freude erwarten wir dein Kommen und danken dir.
Als unseren Retter werden wir dich begrüßen.
Lass Weihnachten zur Kraft und zum Trost werden,
nicht nur für uns, sondern für alle Kranken
und für alle, die ohne Hoffnung sind.

I   Die häusliche Kommunionfeier

Ein Segen sollst du sein
Im Jahreskreis

Kreuzzeichen

Einführung
Ein neues Jahr hat begonnen, die Monate liegen vor uns, und es ist
noch ganz ungewiss, wie dieses Jahr sich entwickeln wird.
Mir kommt da das Bild einer Straße, eines Wanderweges in den
Sinn. Vielleicht teilen Sie meine Erfahrung, wenn Sie früher gern
gewandert sind: Der Weg »zieht sich«, wie man sagt, und man rech-
net vor jeder Wegbiegung mit einer spektakulären Aussicht, einer
Bank zum Ausruhen, der letzten Abzweigung vor dem Ziel … Doch
nach jeder Kehre bietet sich wieder das gleiche Bild. Umkehren?
Nein, nach der nächsten Biegung könnte es ja so weit sein! Also gehe
ich weiter. Und wieder: Eine Wegstrecke tut sich vor meinen Augen
auf, die nicht anders zu sein scheint als die Strecken, die ich schon
zurückgelegt habe.

Trügerische Hoffnung! Sie führt dazu, dass ich immer weiter-
laufe. Sie hält mich in Bewegung. Aber wozu?

Darauf antwortete mir ein Weiser: Es ist wahr, dass der Weg mühsam ist und streckenweise nicht viel neue Erkenntnis bietet. Aber die
Straße ist nicht um ihrer selbst willen da, deshalb lohnt es sich, wei-
terzugehen. Denn sie führt nicht ins Leere, sie läuft auf ein Ziel zu.

Auf unser Leben übertragen heißt das: Auch wenn das Wandern
manchmal mühsam ist, sind wir doch unterwegs zu einem Ziel. Wir
klagen über die Steine, die uns im Wege liegen, oder über den stei-
len Anstieg oder den Nebel … Wenn wir nun den Streckenverlauf
genau wüssten, wenn klar wäre, was hinter der nächsten Kurve liegt
– käme uns der Weg dann leichter vor, oder würden wir ihn als lang-
weilig erleben? Vielleicht würde uns sogar das Herz schwerer mit
jedem Schritt …

Hoffnung ist etwas ganz Besonderes. Manche Dinge tun wir, weil wir sie tun müssen – ohne dass wir besonders davon berührt würden. Andere nehmen wir mit Neugier in Angriff. Wir gehen zuversichtlich in unseren Tag – oder mit banger Erwartung. Das alles ist nicht Hoffnung. Die Hoffnung ist das Gegenteil von Gleichgültigkeit. Sie ist mehr als Neugier, mehr als Erwartung und etwas anderes als die Zuversicht – nämlich unbestimmter und zugleich offener ...»Ausrichtung auf Zukunft« kann man im Lexikon zum Stichwort Hoffnung lesen. Hoffnung sei der beste Tröster, meinen die einen, ein Lebenselixier.

»*In der Hoffnung leben*«, sagt der Philosoph Gabriel Marcel, »*bedeutet, dass wir es fertig bringen, in den Stunden der Dunkelheit dem treu zu bleiben, was ursprünglich vielleicht nur eine Inspiration, eine Begeisterung, eine Entzückung war.*«

Bitten wir darum, dass es uns gelingt, den ursprünglichen Träumen unseres Lebens treu zu bleiben – auch in schweren Zeiten.

Kyrie
Zu dir, o Gott, erheben wir, GL 462

Schriftwort: Genesis 12,1–4
Der Herr sprach zu Abram: Zieh weg aus deinem Land, von deiner Verwandtschaft und aus deinem Vaterhaus in das Land, das ich dir zeigen werde. Ich werde dich zu einem großen Volk machen, dich segnen und deinen Namen groß machen. Ein Segen sollst du sein. Ich will segnen, die dich segnen; wer dich verwünscht, den will ich verfluchen. Durch dich sollen alle Geschlechter der Erde Segen erlangen. Da zog Abram weg, wie der Herr ihm gesagt hatte, und mit ihm ging auch Lot. Abram war 75 Jahre alt, als er aus Haran wegzog.

Einige Gedanken
In der Jugend scheint das ganze Leben noch vor uns zu liegen, und wir sind bereit aufzubrechen – nicht nur einmal, sondern immer wieder.

Dann, fast unmerklich, verengt sich unser Blick. Der Weg, der vor uns liegt, scheint vorgezeichnet.

Wir haben sie hinter uns, die großen Aufbrüche. Aber ist das wirklich so?

Wenn wir die Geschichte von Abrams Auszug aus Haran wörtlich nehmen, dann war er schon 75 Jahre alt, als das Wort des Herrn an ihn erging. Er hatte sich in seinem Leben eingerichtet. Er hatte Besitz, Verwandtschaft, Einfluss und ließ nun all das hinter sich, um dem Unbekannte entgegenzugehen. Sozusagen ins Blaue hinein – nur auf Gottes Wort hin.

Gottes Wort, Gottes Verheißung kann uns jederzeit treffen. Mag sein, dass wir verlernt haben, damit zu rechnen. Aufbrechen hat vielleicht gar nichts mit Fortbewegung zu tun. Auch eine innere Bewegung kann Aufbruch sein, ein Sich-Ausstrecken nach etwas Neuem und Unbekanntem. Gewiss, das Unkalkulierbare macht uns Angst. Das wird Abram nicht anders ergangen sein. Er wusste nichts über das Ziel, das Gott für ihn bestimmt hatte. Er hatte nichts als Gottes Wort: »Geh in das Land, das ich dir zeigen werde.«

Es ist nicht leicht, immer wieder loszulassen, wegzugehen – auch im übertragenen Sinn –, aufzubrechen und sich dem Neuen zu öffnen. Es wäre schön, wenn es uns gelingen könnte: getragen von der Hoffnung auf das bleibende Zuhause, das Gott uns schenken will.

Einladung zu stillen Fürbitten
Unser Gott ist kein ferner Gott. Er ist uns nahe, und vor ihn dürfen wir unsere Sorgen und Ängste, aber auch unsere Freude und unseren Dank bringen. Wir tun das in einem Moment der Stille und des Gebets.

Öffnen der Pyxis

Vaterunser
Beten wir mit den Worten, die Jesus uns geschenkt hat: Vater unser …

Einladung zur Kommunion
Sieh das Lamm Gottes, es nimmt hinweg die Sünde der Welt.
Gemeinsam: Herr, ich bin nicht würdig, dass du eingehst unter mein Dach, aber sprich nur ein Wort, so wird meine Seele gesund.

Gott hat uns neu geboren,
damit wir durch die Auferstehung Jesu Christi von den Toten
eine lebendige Hoffnung haben
und das Erbe empfangen,
das im Himmel für uns aufbewahrt ist.
Nach 1. Petrusbrief 1,3–4

Kommunion

Dankgebet
Die Huld des Herrn ist nicht erschöpft,
sein Erbarmen ist nicht zu Ende.
Neu ist es an jedem Morgen;
groß ist deine Treue!

Mein Anteil ist der Herr, sagt meine Seele;
darum harre ich auf ihn.
Gut ist der Herr zu dem, der auf ihn hofft,
zur Seele, die ihn sucht.
Klagelieder 3,22–25

Segensbitte
»Gut ist der Herr zu dem, der auf ihn hofft.«
Daran wollen wir uns festmachen,
und so bitten wir Gott um seinen Segen für diesen Tag,
die kommende Woche und alle Tage unseres Lebens:
den Vater und den Sohn und den Heiligen Geist.

Lied
Wer unterm Schutz des Höchsten steht, GL 291

... damit Gottes Reich wächst

Eröffnung
Kraft unserer Taufe und Firmung sind wir alle gesandt, die Frohe
Botschaft zu bezeugen und zu leben.

Kreuzzeichen

Hinführung
Jesus beruft Apostel, Helfer, Boten, und er beruft immer wieder
Menschen, die sein Werk und Wort lebendig halten: ganz normale
Menschen, die jedoch vom Geist Gottes erfüllt sind, damit sie die
Frohe Botschaft verkünden.

Der Geist weht, wo er will; man kann ihn nicht verordnen, nicht
herbeizwingen, aber auch nicht einschränken.

Kirche, die Gemeinschaft der Glaubenden, lebt von solchen geist-
erfüllten Menschen. Überall auf der weiten Welt engagieren sie sich:
gläubig, liebevoll, oft mit großem Einsatz und mit Begeisterung.

Jede Gemeinde sollte dankbar sein, wenn sich Menschen finden,
die Zeit und Fantasie einbringen, damit Kirche lebendig sein und
bleiben kann. Gemeinde lebt vom Mittun vieler unterschiedlicher
Menschen. Es ist wichtig, ihre Charismen zu fördern und nicht zu
begrenzen. Enge, Angst und Bevormundung zeugen nicht vom Geist
Jesu – sondern von Offenheit, Freiheit, Bereitschaft zu dienen.
»Löscht den Geist nicht aus!«, ist das Gebot der Stunde.

Jeder kann seinen Beitrag leisten – der eine mit seinen Händen,
der andere mit gutem Rat, wieder ein anderer durch sein Gebet zu
Hause, sein Mitfühlen und Mitdenken. Dazu sind wir alle, dazu sind
auch Sie herzlich eingeladen!

Schriftwort: Matthäus 28,18–20

Da trat Jesus auf seine Jünger zu und sagte zu ihnen: Mir ist alle Macht gegeben im Himmel und auf der Erde. Darum geht zu allen Völkern und macht alle Menschen zu meinen Jüngern; tauft sie auf den Namen des Vaters und des Sohnes und des Heiligen Geistes und lehrt sie, alles zu befolgen, was ich euch geboten habe. Seid gewiss: Ich bin bei euch alle Tage bis zum Ende der Welt.

Einige Gedanken

Christsein, der Botschaft und dem Weg Jesu nachfolgen wollen, ist eine Entscheidung, die das Leben prägt. Sie macht es hell – stellt aber auch Forderungen an uns. Diese Entscheidung verlangt, Gottes Gebote zu achten und Gott in allem die Ehre zu geben – eben Gott und den Nächsten zu lieben wie sich selbst, als die Erfüllung aller Einzelgebote. So wächst das Reich Gottes, wie Jesus es verkündet hat und wollte: ein neues Zusammenleben der Menschen in Frieden – Lebensmöglichkeiten für alle Menschen guten Willens.

An uns ist es, Jesu Botschaft lebendig zu halten und sie entschieden zu vertreten. Seit Jahrhunderten hat sie das Abendland geprägt und den Menschen Aufgabe und Lebenssinn gegeben; sie weist aber auch in die Zukunft und lässt uns neue Herausforderungen mutig angehen.

Diese Fastenzeit will unser Leben »verlangsamen« und vertiefen. Sie hat einen ernsteren Charakter als andere Zeiten des Jahres, und sie will uns dazu führen, dass wir uns auf uns selbst besinnen: Hat das Evangelium Jesu Christi wirklich einen Platz in unserem Leben? Verstehen wir uns als Jesu Jüngerinnen und Jünger, und suchen wir mit allen Kräften das Reich Gottes? Das Reich suchen und dem Gottesreich dienen, das heißt: durch unseren Glauben und unser Gebet, durch die Hoffnung, die wir anderen schenken, und die Liebe, mit der wir ihnen zugetan sind, die Zukunft bereiten, die Gott allen Menschen zugedacht hat.

Fürbitten

Gott, du handelst nicht gegen, aber auch nicht ohne uns.

Wir alle sind gefragt und herausgefordert, Zeugen deines Sohnes zu sein.

I Die häusliche Kommunionfeier

Vertreibe unsere Angst, wir seien dieser Aufgabe nicht gewachsen – seien zu klein, zu schwach, zu eingeschränkt durch äußere Umstände, nicht klug genug …
Wir bitten dich, erhöre uns.

Lass uns dein Wort bewahren, lass es uns dort leben, wo du uns hinstellst, zu Hause und an allen Orten, wo wir wirken können.
Wir bitten dich, erhöre uns.

Stärke uns, wenn wir unsicher sind, mach uns Mut, wenn wir kleingläubig und verzagt sind, richte uns wieder auf, wenn wir versagen.
Wir bitten dich, erhöre uns.

Herr Jesus Christus, du kommst zu uns wie ein Freund – wie der Arzt des Lebens. Gib uns Kraft durch die Gabe, die du uns schenkst, das Brot vom Himmel, das wir nun empfangen. Du selbst bist es – und du willst, dass wir das Leben in Fülle haben.

Öffnen der Pyxis

Vaterunser
Beten wir mit den Worten, die Jesus uns gelehrt hat: Vater unser …

Kommunion
Gemeinsam: Herr, ich bin nicht würdig, dass du eingehst unter mein Dach, aber sprich nur ein Wort, so wird meine Seele gesund.

Kommunionspendung

Dankgebet
Herr Jesus Christus, wir danken dir, denn jetzt bist du in uns, und wir sind in dir.
Lass uns aus deiner Kraft leben und so deine Zeugen sein.

Segensbitte
Dazu segne uns der gütige Gott,
der Vater und der Sohn und der Heilige Geist.

Deinen Tod, o Herr, verkünden wir, und deine Auferstehung feiern wir

Häusliche Kommunionfeier am Gründonnerstag

Es ist sinnvoll, die Kommunion unmittelbar aus der Gemeindemesse zu den Hauskranken zu bringen – aber es ist nicht immer zu realisieren. Etwa am Gründonnerstag: Die Abendmahlsmesse beginnt vielerorts erst um 18.30 Uhr oder 19.00 Uhr oder noch später – denn wir Christen feiern, dass Jesus »in der Nacht, in der er ausgeliefert wurde« (1. Korintherbrief 11,23), das Brot mit seinen Jüngern brach. »In der Nacht« oder zumindest am späten Abend kann man jedoch die Kranken der Gemeinde nicht mehr aufsuchen, um ihnen die Kommunion zu bringen. In Einzelfällen mag das möglich sein, wenn die Kranken selbst darum gebeten haben; dann kann man sie einladen, vorher das 13. Kapitel des Johannes-Evangeliums zu lesen oder es sich von Angehörigen vorlesen zu lassen bzw. im häuslichen Kreis die Eucharistische Andacht (GL 779) zu beten. So wird Hauskirche an einem ganz besonderen Feiertag in intensiver Weise erfahrbar.

Kreuzzeichen

Gebet

Jesus, unser Bruder,
wir feiern heute die Nacht,
in der du deinem Leiden und Sterben entgegengingst.

Uns fällt das Beten oft schwer.
Schmerzen lähmen uns,
unsere Hilflosigkeit macht uns zu schaffen,
manchmal schnüren Ängste uns den Hals zu.

Damals, in jener Nacht,
hast auch du Angst gehabt.
Du wusstest: Einer der Deinen würde dich verraten.

Deshalb sind wir gewiss:
Du bist bei uns
und fängst unsere Verlassenheit auf.
Da, wo wir ganz allein sind mit uns selbst
und unseren Ängsten,
da, wo uns niemand beisteht,
da finden wir dich!

Schriftwort: 1. Korintherbrief 11,23–26

Schwestern und Brüder!
Ich habe vom Herrn empfangen, was ich euch dann überliefert habe:
Jesus, der Herr, nahm in der Nacht, in der er ausgeliefert wurde, Brot,
sprach das Dankgebet, brach das Brot und sagte: Das ist mein Leib
für euch. Tut dies zu meinem Gedächtnis! Ebenso nahm er nach dem
Mahl den Kelch und sprach: Dieser Kelch ist der Neue Bund in meinem Blut. Tut dies, sooft ihr daraus trinkt, zu meinem Gedächtnis!
Denn sooft ihr von diesem Brot esst und aus dem Kelch trinkt, verkündet ihr den Tod des Herrn, bis er kommt.

Überleitung zur Kommunion

Mit den Worten, die uns so vertraut sind, wollte Jesus seinen Jüngern sagen: Wer Gemeinschaft mit mir haben will, wer mit mir
gehen, mit mir essen und trinken und feiern will, der muss wissen,
dass er am Ende auch an meinem Leidensweg teilnehmen wird.

Es gibt keine größere Liebe, als wenn einer sein Leben einsetzt für
seine Freunde. Das hat Jesus getan bis in den Tod hinein – auch für
uns. Aber wir haben es gehört: Er wird wiederkommen. Wir erwarten den Tag, an dem wir ihn von Angesicht zu Angesicht sehen.

So wollen wir jetzt beten:
Deinen Tod, o Herr, verkünden wir
und deine Auferstehung preisen wir,
bis du kommst in Herrlichkeit.

Öffnen der Pyxis

Vaterunser

Kommunionspendung

Gemeinsam: Herr, ich bin nicht würdig, dass du eingehst unter mein Dach, aber sprich nur ein Wort, so wird meine Seele gesund.

Lied zur Danksagung

Beim letzten Abendmahle, GL 537

Segensbitte

Der Herr segne dich und behüte dich,
der Herr lasse sein Angesicht über dich leuchten und sei dir gnädig,
der Herr wende dir sein Angesicht zu und schenke dir Frieden.

Darum bitten wir den dreieinen Gott:
den Vater und den Sohn und den Heiligen Geist.

Da gingen ihnen die Augen auf
Spendung der Osterkommunion am Krankenbett

In manchen Gemeinden existiert der Brauch, die Osterkommunion am zweiten Feiertag, dem Ostermontag, nach dem Gemeindegottesdienst zu den Kranken zu bringen. Der Pfarrer und ehrenamtliche Mitarbeiterinnen und Mitarbeiter werden dabei von den Kommunionkindern des Jahrgangs begleitet. Die Kinder bringen den Kranken selbst gebastelten Osterschmuck und, wenn nicht medizinische Gründe dagegen sprechen, ein Stück Osterbrot. Die Kommunionkinder treffen meist zum ersten Mal mit den kranken und oft betagten Pfarrangehörigen zusammen, die nicht mehr an der Gemeindemesse teilnehmen können. Für sie ist es, wenn die anfängliche Scheu überwunden ist, ein berührendes Erlebnis. Umgekehrt freuen sich die meisten Kranken sehr über den Besuch der Kinder.

Lied (mit den Kindern gemeinsam gesungen)
Christ ist erstanden, GL 213

Kreuzzeichen

Eröffnung
Der Herr ist vom Tod auferstanden, wie er gesagt hat.
Freut euch, denn er herrscht in Ewigkeit.

Kyrie und Bitte um Vergebung
Herr, unser Gott: du gibst uns den Glauben – aber manchmal sind wir nicht stark genug, an ihm festzuhalten.
Gemeinsam: Kyrie eleison.

Du willst uns das Brot des Lebens schenken – öffne dafür unsere Herzen!
Gemeinsam: Christe eleison.

Du gibst uns Anteil an der Auferstehung – hilf uns, auch selbst
»aufzustehen«, innerlich, geistig, gegen alle Erfahrungen von Ohnmacht und Schwäche.
Gemeinsam: Kyrie eleison.

Nimm von uns alles, was uns belastet, und lass uns mit freiem
Herzen diese Feier begehen!

Schriftwort: Lukas 24,13–33 (gekürzt)

Am gleichen Tag waren zwei von den Jüngern auf dem Weg in ein
Dorf namens Emmaus … Sie sprachen miteinander über alles, was
sich ereignet hatte. Während sie redeten und ihre Gedanken aus-
tauschten, kam Jesus hinzu und ging mit ihnen. Doch sie waren wie
mit Blindheit geschlagen, sodass sie ihn nicht erkannten.

Er fragte sie: Was sind das für Dinge, über die ihr auf eurem Weg
miteinander redet? Da blieben sie traurig stehen, und der eine von
ihnen – er hieß Kleopas – antwortete ihm: Bist du so fremd in Jerusalem, dass du als Einziger nicht weißt, was in diesen Tagen dort
geschehen ist? Er fragte sie: Was denn? Sie antworteten ihm: Das mit
Jesus aus Nazaret. Er war ein Prophet, mächtig in Wort und Tat vor
Gott und dem ganzen Volk. Doch unsere Hohepriester und Führer
haben ihn zum Tod verurteilen und ans Kreuz schlagen lassen. Wir
aber hatten gehofft, dass er der sei, der Israel erlösen werde …!

Da sagte er zu ihnen: Begreift ihr denn nicht? Wie schwer fällt es
euch, alles zu glauben, was die Propheten gesagt haben … Und er legte ihnen dar, ausgehend von Mose und allen Propheten, was in der
gesamten Schrift über ihn geschrieben steht.

So erreichten sie das Dorf, zu dem sie unterwegs waren. Jesus tat,
als wolle er weitergehen, aber sie drängten ihn und sagten: Bleib doch
bei uns; denn es wird bald Abend, der Tag hat sich schon geneigt. Da
ging er mit hinein, um bei ihnen zu bleiben. Und als er mit ihnen bei
Tisch war, nahm er das Brot, sprach den Lobpreis, brach das Brot und
gab es ihnen. Da gingen ihnen die Augen auf, und sie erkannten ihn;
dann sahen sie ihn nicht mehr. Und sie sagten zueinander: Brannte
uns nicht das Herz in der Brust, als er unterwegs mit uns redete und
uns den Sinn der Schrift erschloss? Noch in derselben Stunde bra-
chen sie auf und kehrten nach Jerusalem zurück.

Gedanken zum Schrifttext

Eine wunderschöne Geschichte – und das Beste daran ist wohl, dass wir uns in den beiden Jüngern wiedererkennen! Manchmal sind wir genauso entmutigt und genauso wenig zum Glauben fähig wie diese zwei. Sie hatten ihre Hoffnung auf Jesus gesetzt, und er war den schlimmen Tod am Kreuz gestorben! Auch unsere Hoffnung ist so oft enttäuscht worden. Deshalb können wir ihre Gefühle der Ohnmacht und tiefen Niedergeschlagenheit gut nachvollziehen. Was sie dann mit Jesus erlebten, das ist uns ebenfalls nicht fremd! Ist er nicht oft unerkannt an unserer Seite gegangen? Haben wir nicht manchmal erst im Nachhinein begriffen, wie nah er uns war? Und jetzt, in der Situation der Krankheit – ist Jesus da nicht unser Weggefährte, der bei uns ist und uns trägt, wenn wir es nur zulassen?

Die Jünger mussten erst lernen, dass sein Tod nicht Vernichtung, sondern Auferstehung und neues Leben bedeutet! Auferstehung – ein Wort, das uns nur schwer über die Lippen kommt. Wann erleben wir wirklich »Auferstehung« in unserem Leben – ein Wunder, einen Neubeginn, mit dem wir nicht gerechnet hatten?

Vielleicht denken Sie jetzt: Es wird doch kommen, wie es kommen muss. »Auferstehung« – ja, vielleicht, doch wie das sein wird, das wollen und können Sie sich heute noch nicht vorstellen. Denn heute erleben Sie das Gegenteil: die Grenzen, die die Krankheit setzt, das Angewiesensein, die Ängste, wie es morgen und übermorgen weitergehen wird ... Aber die Frohe Botschaft, dass Jesus den Tod überwunden hat und auch uns Anteil an seiner Auferstehung gibt, gilt nicht nur für die »Gesunden«. Sie richtet sich sogar ganz besonders an die vom Leben Gebeutelten, die keinen Mut mehr haben. Hat nicht Jesus gesagt: Nicht die Gesunden brauchen den Arzt, sondern die Kranken?

Vielleicht brannte doch ein wenig unser Herz, als wir das Wort des Evangeliums hörten! Wenn wir von dem Brot essen, in dem ER selbst sich uns schenkt, dann spüren wir eine Kraft, die vorher nicht da war. Dann erkennen wir ihn, und wir wissen, dass er immer bei uns sein wird.

Fürbitten in Stille

Im Stillen wollen wir Fürbitte halten – für die Menschen, die uns nahestehen, mit denen wir uns verbunden fühlen, von deren Sorgen und Nöten wir wissen.

– Kurze Stille –

Öffnen der Pyxis

Vaterunser

Jesus will uns mit dem Brot des Lebens stärken. Beten wir nun mit den Worten, die er selbst uns geschenkt hat: Vater unser ...

Kommunionvers

Christus ist vom Tod erstanden.
Gebrochen ist die Macht des Todes.
Halleluja.

Kommunionspendung

Lied (mit den Kindern gemeinsam gesungen)

Das ist der Tag, den Gott gemacht, GL 220, 1. und 2. Strophe

Segensbitte

Wir wollen Gott, der uns das Leben schenkt, nun um seinen Segen bitten:

Herr, unser Gott, bewahre uns vor Unheil und Schaden,
hilf uns aus unseren Zweifeln,
öffne unsere Herzen füreinander
und lass uns erkennen, was uns zum Leben dient.

Darum bitten wir dich, den dreieinen Gott:
den Vater und den Sohn und den Heiligen Geist.

I Die häusliche Kommunionfeier

Gebet zur Gottesmutter

Zum Abschluss kann das Regina caeli gebetet werden, zum Beispiel in der vereinfachten deutschen Fassung, GL 575.

O Himmelskönigin, frohlocke, halleluja.
Denn er, den du zu tragen würdig warst, halleluja,
ist auferstanden, wie er sagte, halleluja.
Bitt Gott für uns, Maria.

Auferstehender Christus (Detail) von Martin Schongauer (15. Jh.)

Motiv vom Hochaltar der Dominikaner-Kirche, Colmar

© *Musée d'Unterlinden Colmar,*

Foto: O. Zimmermann

Spendung der Osterkommunion am Krankenbett

Komm, Heiliger Geist, der Leben schafft
Zum Pfingstfest

Kreuzzeichen

Eröffnung
Gottes Geist, der Atem des Lebens, der Trost aus der Höhe, bleibe bei uns und mache uns neu!

Hinführung
Wir feiern Pfingsten: die Sendung des Heiligen Geistes, der die Angst der Jünger vertreibt und ihre Sprachlosigkeit überwindet. Wir feiern Pfingsten: die Gründung der Kirche. Jesu Jünger werden seine Zeugen bis an die Grenzen der Erde. Sie werden Zeugen der Hoffnung und des Mutes, der Freiheit und bleibenden Zuversicht. Wir feiern den Beginn des Reiches Gottes, der »neuen Welt«, so wie Jesus sie wollte. Pfingsten heute bedeutet, dass etwas von diesem Geist, vom Geist Jesu, neu lebendig werden muss. Der Geist weht, wo er will; er wirkt auch heute, wenn wir es zulassen – wenn wir ihn in unser Leben und in unsere Kirche einlassen.

Schriftwort: Markus 10,46–52
Sie kamen nach Jericho. Als Jesus mit seinen Jüngern und einer großen Menschenmenge Jericho wieder verließ, saß an der Straße ein blinder Bettler, Bartimäus, der Sohn des Timäus. Sobald er hörte, dass es Jesus von Nazaret war, rief er laut: Sohn Davids, hab Erbarmen mit mir! Jesus blieb stehen und sagte: Ruft ihn her! Sie riefen den Blinden und sagten zu ihm: Hab nur Mut, steh auf, er ruft dich. Da warf er seinen Mantel weg, sprang auf und lief auf Jesus zu. Und Jesus fragte ihn: Was soll ich dir tun? Der Blinde antwortete: Rabbuni (mein Meister), ich möchte wieder sehen können. Da sagte Jesus zu ihm: Geh! Dein

Glaube hat dir geholfen. Im gleichen Augenblick konnte er wieder sehen, und er folgte Jesus auf seinem Weg.

Einige Gedanken

Dieses Evangelium in der Pfingstwoche? Vielleicht ist das beim ersten Hinhören erstaunlich – aber die Geschichte des Blinden, der Jesus um Hilfe bittet und von ihm geheilt wird, hat durchaus etwas mit dem Heiligen Geist zu tun.

Bartimäus antwortet auf die Frage Jesu »Was soll ich dir tun?«: »Ich möchte wieder sehen können.«

Wir alle sind Bartimäus. Wir können oft nicht über unsere eigene Nasenspitze hinaussehen. Äußere Umstände begrenzen uns: Krankheit, das Angewiesensein auf andere … Manchmal fühlen wir uns ohnmächtig. Wir fürchten, dass das Leben an uns vorbeigeht.

Aber Jesus zeigt uns, dass die wirklich heil machenden Kräfte im Menschen – in uns selbst also – liegen! Oder umgekehrt gedacht: Gegen den Willen eines Menschen kann und will auch Gott nichts tun.

Weil Bartimäus gesund werden wollte und weil er an die Macht Jesu glaubte, wurde er wieder sehend.

Ja: Der Glaube ist eine Kraft, mit der man Mauern überspringen kann. Vertrauen ist ein anderes Wort für Glauben. Der Glaube an Gottes Hilfe, das Vertrauen darauf, dass er uns nicht im Stich lässt, stärkt auch unsere eigenen Kräfte, unser Selbstvertrauen.

Gott hört uns, er kennt unsere innersten Wünsche, aber er verlangt zugleich auch unsere Anstrengung: unsere Bereitschaft, die Probleme und Aufgaben, die das Leben stellt, anzugehen in der Zuversicht, dass wir bei unseren Bemühungen nicht alleingelassen sind. Gottes Geist, der Leben schafft, will uns leiten und stärken. Auch da, wo Gesundung im medizinischen Sinn nicht möglich ist, schenkt er uns das umfassende Heil. An uns ist es, um diesen lebendigen und Leben spendenden Geist ständig zu beten.

Gebet oder Lied

Komm, Heiliger Geist, der Leben schafft, GL 241
Die Pfingstsequenz wird, wenn möglich, im Wechsel gebetet oder gemeinsam gesungen. Auch anwesende Angehörige sollten einbezogen werden.

Öffnen der Pyxis

Vaterunser

Beten wir mit den Worten, die Jesus uns zu beten gelehrt hat: Vater
unser ...

Kommunionspendung

Danksagung

Herr Jesus Christus, du hast uns den Heiligen Geist gesandt, der uns
Weisheit schenkt, Einsicht, Rat, Stärke, Erkenntnis, Frömmigkeit
und Gottesfurcht.

Es sind jedoch nicht nur diese sieben Gaben, für die wir dem
Geist danken, sondern auch sieben Tröstungen, die wir tagtäglich
erfahren: Freude und Freundschaft, die befreiende Kraft der Tränen,
das Zur-Ruhe-Kommen, Besinnung und Buße, die wie ein Bad der
Erneuerung sind, das Gebet und die Heilung unserer Blindheit,
damit wir Gottes Wahrheit sehen.

Wenn wir uns an Jesu Tod und Auferstehen erinnern, wenn wir
Eucharistie feiern, rufen wir die Kraft des Heiligen Geistes auf die
Gaben von Brot und Wein herab.

So werden wir auch jedes Mal, wenn wir das Brot des Lebens
empfangen, mit dem Heiligen Geist gestärkt. Er macht uns zu neu-
en Menschen, wie dem Bartimäus öffnet er uns die Augen.

Segensbitte

Der Heilige Geist, der den Jüngern Mut machte,
in dessen Kraft sie zur Kirche wurden,
er erfülle auch unser Leben.

Wir wollen den dreifaltigen Gott um seinen Segen bitten:
den Vater und den Sohn und den Heiligen Geist.

I Die häusliche Kommunionfeier

Geborgen in dir
Im Jahreskreis

Als kleine Gabe für die Kranke/den Kranken eignet sich die Bildkarte Nr. 5241 aus dem ars liturgica Kunstverlag Maria Laach (»Erschaffung des Adam«, Senkemail von Lioba Munz OSB). Das Motiv kann für die Kranke/den Kranken zum kostbaren Begleiter über die Kommunionfeier hinaus werden.

Lied
Wer unterm Schutz des Höchsten steht, GL 291, 1. Strophe

Kreuzzeichen

Eröffnung
Gott, du bist unser Helfer und unsere Zuflucht.
Auf dich vertrauen wir.

Besinnung / Schuldbekenntnis
Herr, du erforschst mich, und du kennst mich.
Du überschaust, wie ich wurde, wer ich bin.
Was ich nicht wahrhaben will,
vor dir liegt es offen da.
Du kennst meine Schwächen und Fehler,
du weißt, wo ich der Wandlung bedarf.

Der allmächtige Gott erbarme sich unser. Er lasse uns die Sünden nach und führe uns zum ewigen Leben.
Amen.

Schriftwort: Jesaja 43,1–3a
Jetzt aber – so spricht der Herr, der dich geschaffen hat, Jakob, und der dich geformt hat, Israel –, fürchte dich nicht, denn ich habe dich

ausgelöst, ich habe dich beim Namen gerufen, du gehörst mir. Wenn du durchs Wasser schreitest, bin ich bei dir, wenn durch Ströme, dann reißen sie dich nicht fort. Wenn du durchs Feuer gehst, wirst du nicht versengt, keine Flamme wird dich verbrennen. Denn ich, der Herr, bin dein Gott, ich, der Heilige Israels, bin dein Retter.

Betrachtung der Bildkarte »Erschaffung des Adam«

Erschaffung des Adam, Senkemail von Lioba Munz OSB
© ars liturgica Kunstverlag, 56653 Maria Laach, Nr. 5241

Gott wendet sich liebevoll dem Menschen zu, er spricht zu ihm in einer zärtlichen Gebärde: »Ich will, dass es dich gibt.« Gott beugt sich zum Menschen herab, seine Hände umfassen liebevoll seinen Kopf, sie ziehen den ganzen Menschen nahe an sich heran. Die liebende Zuwendung Gottes erdrückt den Menschen aber nicht, sie erhebt ihn vielmehr zu seiner eigenen Größe und Würde. Begeben wir uns selbst in dieses Bild:

I Die häusliche Kommunionfeier

Ich bin aus Gottes Liebe geboren und von ihm gehalten. Ich bin nicht allein mit mir. Da ist einer, der mich bedingungslos annimmt. Gott liebt mich ohne Wenn und Aber. In Gottes liebenden Händen bin ich aufgehoben. In seiner Nähe bin ich geborgen, in Gesundheit und Krankheit, in meiner Stärke und in meiner Gebrechlichkeit.

Vaterunser

In kindlichem Vertrauen dürfen wir uns mit allem, was uns im Innersten bewegt, an Gott, unseren Vater im Himmel, wenden. Sprechen wir das Gebet des Herrn: Vater unser ...

Kommunion

(Die Hostie wird erhoben und dem Kranken gezeigt.) Seht das Lamm Gottes: Es nimmt hinweg die Sünde der Welt.

Herr, ich bin nicht würdig, dass du eingehst unter mein Dach, aber sprich nur ein Wort, so wird meine Seele gesund.

Kommunionvers (nach Johannes 14,20–21):
Jesus spricht: Gott ist die Liebe. Wer in der Liebe bleibt, der bleibt in Gott, und Gott bleibt in ihm.

Kommunionspendung

Danksagung: »Von dir geliebt«
Dass wir dein Wort vernommen haben, Gott,
dass wir das Brot gebrochen haben füreinander,
lass das für uns ein Zeichen sein,
dass du uns nahe bist,
dass wir deine Menschen sind,
von dir genährt, von dir geliebt.
Verlass uns nie, wir bitten dich,
sei wie das Tageslicht um uns,
sei unser fester Boden
und mehr noch:
unsere Zukunft, unser Vater.
Huub Oosterhuis

Den Spuren Jesu folgen,
damit wir füreinander da sein können
Im Jahreskreis

Kreuzzeichen

Eröffnung
Gott ist da.
Das ist sein Name: »Ich bin für euch da«.
Er lässt uns nicht allein mit unseren Fragen und Ängsten.

Hinführung
Jesus sagt einmal über die Schriftgelehrten: »Sie lieben es, wenn man
sie auf den Straßen und Plätzen grüßt, und sie wollen in der Synagoge die vordersten Sitze und bei jedem Festmahl die Ehrenplätze
haben« (Markus 12,38–39).
Diese Beobachtung ist uns gar nicht fremd. Das bedingungslose
Streben nach den ersten Plätzen ist das erklärte Ziel der Gesellschaft
und der meisten unserer Zeitgenossen, denn damit sind verbunden:
Geld, Ansehen, Macht. So kann man sich alles leisten und sehr gut
leben.
Jesus warnt uns jedoch: Sucht nicht den ersten Platz! Denn: »Es
könnte ein anderer eingeladen sein, der vornehmer ist als du, und
dann würde der Gastgeber kommen und zu dir sagen: Mach diesem
hier Platz! Du aber wärest beschämt und müsstest den unteren Platz
einnehmen« (Lukas 14,8–9).
Mit diesem Beispiel fordert Jesus uns zur Bescheidenheit auf.
Und darin steckt die Frage: Lohnt sich das Streben nach den ersten
Plätzen denn überhaupt? Lässt es uns nicht hart und überheblich
werden, distanziert es uns nicht von unseren Mitmenschen?
Ehrgeiz und Ruhmsucht machen einsam. Die Grundhaltung der
Bescheidenheit zeichnet dagegen einen Menschen aus. Sie macht ihn
in Wahrheit »angesehen«, ja sympathisch. Vor allem: Ein bescheide-
ner Mensch bleibt zufrieden und dankbar. Er weiß, dass sein Leben

Gottes Geschenk ist. Und ein solches Geschenk will man mit anderen teilen.

So finden wir Gemeinschaft, die wir brauchen – die uns stark macht und wichtiger ist als die ersten Plätze.

Schriftwort: Matthäus 7,7–8.12–14

Bittet, dann wird euch gegeben; sucht, dann werdet ihr finden; klopft an, dann wird euch geöffnet. Denn wer bittet, empfängt; wer sucht, der findet; und wer anklopft, dem wird geöffnet.

Alles, was ihr von anderen erwartet, das tut auch ihnen! Darin besteht das Gesetz und die Propheten.

Geht durch das enge Tor! Denn das Tor ist weit, das ins Verderben führt, und der Weg dahin ist breit, und viele gehen auf ihm. Aber das Tor, das zum Leben führt, ist eng, und der Weg dahin ist schmal, und nur wenige finden ihn.

Einige Gedanken

Jesus lieben, ihm nachfolgen heißt: seine Gebote halten. Sein größtes Gebot aber ist, einander zu achten und zu lieben. Daran sollen die Menschen seine Jünger erkennen.

Die goldene Regel – »*Alles, was ihr von anderen erwartet, tut auch ihnen!*« – klingt so einfach. Aber jeder von uns weiß, wie schwer sie manchmal umzusetzen ist. Auch das Bitten und Anklopfen fällt uns nicht immer leicht. Lieber verlassen wir uns auf unsere eigene Leistungsfähigkeit. Doch was ist, wenn sie uns im Stich lässt ...? Jesus zeigt uns einen anderen Weg. Er sagt: »Ein neues Gebot gebe ich euch: Liebt einander! Wie ich euch geliebt habe, so sollt auch ihr einander lieben« (Johannes 13,34). Doch von der Realisierung dieses Gebotes sind wir oft so weit entfernt! Wie viel Kraft und Fantasie kostet es uns, dass Nächstenliebe nicht nur ein Wort bleibt, nicht nur unverbindliche Absicht, sondern zum Maßstab unseres Denkens und Handelns wird.

Gut, dass wir es nicht ganz allein schaffen müssen! Jesus hat uns den Beistand des Heiligen Geistes versprochen. Der Geist ist die Kraft aus der Höhe, die uns bewegt, in ganz neuen Kategorien zu denken und zu handeln. Er hilft uns, Jesu Leben lebendig zu halten und seinen Spuren zu folgen. Er führt uns, damit wir den Weg durch das »enge Tor« nicht verfehlen. Das ist der Grund unserer Hoffnung, die Triebkraft unserer Bemühungen. So kann es Wirklichkeit werden, dass das Reich Gottes in unserer Mitte schon anbricht.

Fürbitten

Gott, unser Vater, deine Gedanken sind nicht unsere Gedanken, deine Absichten durchschauen wir oft nicht, aber wir wissen: Du willst, dass alle Menschen das Leben haben!
Dir zu dienen und dich zu lieben und gleichzeitig den Menschen zu dienen, die uns brauchen, dazu fordert Jesus uns auf.

- Lass uns erkennen, wofür es sich zu leben lohnt, lass uns ernst nehmen, dass das wirkliche Leben Beziehung ist!
  Herr, erhöre uns!
- Öffne uns für die Fragen und Nöte unserer Mitmenschen und schenke uns die Kraft der Anteilnahme!
  Herr, erhöre uns!
- Lass uns freigebig miteinander teilen, was du uns gibst, befreie uns von Enge und erfülle uns mit Lebendigkeit.
  Herr, erhöre uns!

Herr Jesus Christus: Wir leben von deinem Leben. Es gibt keine größere Liebe, als wenn einer sein Leben für seine Freunde gibt (Johannes 15,13). So wollen wir dich empfangen als das Lamm Gottes, das die Sünde der Welt hinwegnimmt.

Öffnen der Pyxis

Vaterunser

Beten wir mit den Worten, die Jesus uns geschenkt hat: Vater unser

Kommunionspendung

Segensbitte

Guter Gott, stärke uns mit deinem Segen! Hilf uns, den Spuren Jesu zu folgen, damit wir füreinander da sein können.
Darum bitten wir dich, den liebevollen Gott: den Vater und den Sohn und den Heiligen Geist.

I Die häusliche Kommunionfeier

Stark sein in der Schwäche

Eröffnung / Kreuzzeichen
Unsere Hilfe ist im Namen des Herrn,
Alle: der Himmel und Erde erschaffen hat.
Herr, erhöre unser Gebet
Alle: und lass unser Rufen zu dir kommen.
Wir wollen beginnen
Alle: im Namen des Vaters und des Sohnes und des Heiligen Geistes.
Amen.

Besinnung / Kyrie
Auf andere angewiesen sein.
Schwäche durchleiden müssen.
Angst haben vor dem, was noch auf mich zukommt:
Krankheit kann eine schwere Bürde sein.

Ich weiß:
Jesus hat all das ausgehalten am Kreuz.
Aber ich bin nicht wie er.
Die Krankheit zermürbt mich.

Ihm im Leiden näherkommen
und ihm nachfolgen,
das klingt so großartig.
Doch es muss in kleiner Münze bezahlt werden.

Gott, gib mir Kraft,
diese Krankheit zu tragen.
Ich bitte dich, dass *du mich* trägst:

Herr, erbarme dich.
Alle: Herr, erbarme dich.

Christus, erbarme dich.
Alle: Christus, erbarme dich.

Herr, erbarme dich.
Alle: Herr, erbarme dich.

Der starke Gott erbarme sich unser.
Er heile uns von aller Schuld,
aber auch von Not und Verzweiflung,
und gründe uns neu in seiner Liebe.
Das erbitten wir durch Christus, unseren Herrn.

Lied

Gottes Lamm, Herr Jesu Christ, GL 161, 1. und 3. Strophe

Schriftwort: 1. Korintherbrief 1,18–19.22–25.27.30

Das Wort vom Kreuz ist denen, die verloren gehen, Torheit; uns aber, die gerettet werden, ist es Gottes Kraft. Es heißt nämlich in der Schrift: Ich lasse die Weisheit der Weisen vergehen und die Klugheit der Klugen verschwinden.

Die Juden fordern Zeichen, die Griechen suchen Weisheit. Wir dagegen verkünden Christus als den Gekreuzigten: für Juden ein empörendes Ärgernis, für Heiden eine Torheit, für die Berufenen aber – Juden wie Griechen – Gottes Kraft und Gottes Weisheit. Denn das Törichte an Gott ist weiser als die Menschen, und das Schwache an Gott ist stärker als die Menschen.

Das Törichte in der Welt hat Gott auserwählt, um die Weisen zuschanden zu machen, und das Schwache in der Welt hat Gott auserwählt, um das Starke zuschanden zu machen.

Gott hat Christus Jesus für uns zur Weisheit gemacht, zur Gerechtigkeit, Heiligung und Erlösung.

Gedanken zum Schrifttext

Ein Wort des Apostel Paulus haben wir gehört – und Paulus ist nie so ganz einfach zu verstehen. Er spielt mit Sprache, mit Begriffen, mit Gegensätzen, stellt Torheit und Weisheit einander gegenüber, Schwäche und Stärke. Aber was will er eigentlich sagen, wenn er behauptet, das Wort vom Kreuz sei für uns »Gottes Kraft« und Gott habe »das Schwache auserwählt, um das Starke zuschanden zu machen«?

In den Augen der Welt ist Schwäche auf der einen und Kraft auf der anderen Seite etwas ganz Eindeutiges: Unterliegen, keinen Erfolg haben, leiden müssen – das ist Schwäche. Siegen, sich behaupten, Gewinn machen – das ist Stärke. Krankheit gehört eindeutig in den Bereich »Schwäche«, Gesundheit ist »Stärke« – und das, obwohl wir für Krankheit oder Gesundheit normalerweise nicht selbst verantwortlich sind.

Aber bei Gott gelten ganz andere Kategorien. Er wählt das Törichte und das Schwache aus – sagt Paulus –, um die vermeintlich Starken zu beschämen. Jesus ist den Weg des Kreuzes gegangen, er hat Erniedrigung ertragen und Gewalt nicht mit Gewalt beantwortet – in den Augen der Welt erscheint das als Torheit. Für Gott aber macht gerade das Stärke aus! Jesus ist durch sein Leiden und seinen Tod für viele Schwache zum Hoffnungszeichen geworden; sein Beispiel lässt sie aufleben und gibt ihnen neue Energie.

Die Welt sucht Weisheit – sagt Paulus –, aber es ist die falsche Art von Weisheit, es ist das Durchschauen- und Beherrschen-Wollen. Durch diese Art von »Weisheit« versuchen Menschen, Macht über andere Lebewesen zu erlangen. Wer sich an Jesus anschließt, muss sich nicht schämen, wenn er schwach ist. Nicht ob wir durchsetzungsfähig sind, ist entscheidend, sondern ob wir durchhalten können, nicht ob wir Machtbewusstsein entwickeln, auch nicht ob wir mit einem strahlenden Siegerlächeln durch die Welt gehen – sondern ob wir ein Herz haben, ob wir Dankbarkeit empfinden können, ob wir fähig sind, im Alltagsgrau die verborgenen Farben und Glanzlichter zu entdecken, und bereit sind, andere daran teilhaben zu lassen. Wenn wir darauf verzichten, unsere Frustration an unserer Umgebung auszulassen, dann sind wir stark.

Krankheit *durchkreuzt* unser Leben. Und es lohnt sich, darüber nachzudenken, ob darin nicht auch eine Chance liegt. Es wäre unsinnig, Krankheit und Leiden beschönigen zu wollen. Aber sie können uns helfen, die Dinge aus einem anderen Blickwinkel zu sehen. Krankheit stellt die Prioritäten unseres bisherigen Lebens infrage. So können wir uns noch einmal ganz neu auf uns selbst besinnen – und auf Jesus, der den Weg der Schwäche gegangen ist und an unserer Seite sein will.

Lied

Ich steh vor dir mit leeren Händen, Herr, GL 621
Dieser Liedtext kann auch gebetet werden.

Öffnen der Pyxis

Vaterunser

»So gab der Herr sein Leben, verschenkte sich wie Brot.«
Wir wollen Gott um alles bitten, was wir tagtäglich für unser Leben brauchen:

Hier können freie Fürbitten formuliert werden.

Gott hört unsere Bitten und nimmt sich unserer Ängste und unserer Leiden an. Beten wir, wie Jesus uns gelehrt hat: …

Kommunionvers

Gott hat die Welt so sehr geliebt,
dass er seinen einzigen Sohn hingab,
damit jeder, der an ihn glaubt, nicht zugrunde geht,
sondern das ewige Leben hat.
Johannes 3,16

Kommunionspendung

Dankgebet

Du, Gott,
nimmst mich wahr
in meiner innersten Bedürftigkeit.
Meine Seele ruht
in dir.
Du heilst das Versehrte,
du schützt das Gefährdete,
du wärmst das Erstarrte,
was gebeugt ist,
richtest du auf.
Du befriedest das Erschreckte,
du birgst das Verängstigte,
du durchlichtest das Verfinsterte,
was darbt,
nährst du.
Du tröstest das Bestürzte,
du belebst das Verkümmerte,
du löst das Verkrampfte,
was zur Reife kommen will,
behütest du.
Meine Seele ruht
in dir.
Sabine Naegeli

Segensbitte

»Meine Seele ruht in dir.«
Dass der Friede Christi dich erfülle,
dass deine Ängste sich in Vertrauen wandeln,
dazu segne dich der gute Gott:
der Vater und der Sohn und der Heilige Geist.

Im Jahreskreis, zum Fest Kreuzerhöhung

Auferstehung Christi (Detail),
Evangeliar, Köln, 1250 (Brüssel, Königliche Bibliothek)
© *ars liturgica Kunstverlag, 56653 Maria Laach,*
Nr. 405949

Danket dem Herrn
Im Jahreskreis, zum Erntedank

Kreuzzeichen

Lied
Dank sei dir, Vater, GL 634, 1. und 2. Strophe

Hinführung
Ich wünsche dir Gelassenheit und Vertrauen,
damit du dich in deiner Krankheit
Gottes guter Hand anvertrauen kannst,
damit du dich fallen lässt
in Gottes liebende und zärtliche Hände,
damit du Gottes heilende und befreiende Nähe
in deiner Krankheit erfährst.
Ich wünsche dir, dass du dich gehalten weißt.
Anselm Grün

Dieses Sich-fallen-Lassen, dieses Wissen um Gottes heilende Nähe
ist die Voraussetzung dafür, dass wir Dank sagen können.
  Dank sagen – mitten in der Krankheit?
  An das Haus gebunden und auf Hilfe angewiesen zu sein,
während es anderen noch gut geht – das zu akzeptieren, ist nicht
leicht.
  Und dennoch: Wir haben Grund zur Dankbarkeit – wir alle, die
wir von Gottes guter Hand gehalten und gestützt werden. Manchmal spüren wir diese Hand nicht. Dann meinen wir ins Bodenlose
zu fallen. Doch immer wieder werden wir aufgefangen. Jesus sagt
über seine Jüngerinnen und Jünger: »Sie werden niemals zugrunde
gehen, und niemand wird sie meiner Hand entreißen« (Johannes
10,28).

Kyrie

Gott allen Lebens, du weißt, wie mir ums Herz ist. Du kennst meine Klage. Doch mitten in der Krankheit will ich den Dank nicht vergessen.

Gemeinsam:

Herr, erbarme dich!

Christus, erbarme dich!

Herr, erbarme dich!

Bitte um Vergebung

Stärke meine Kräfte, damit ich mich nicht dem Selbstmitleid überlasse. Öffne meine Augen, damit ich die Schönheit der Welt sehe. Heile meine Bitterkeit, damit ich leben kann. Verzeih mir meinen Kleinglauben.

Schriftwort: Matthäus 6,26a; 10,29–30

Seht euch die Vögel des Himmels an: Sie säen nicht, sie ernten nicht und sammeln keine Vorräte in Scheuern; euer himmlischer Vater ernährt sie. Verkauft man nicht zwei Spatzen für ein paar Cent? Und doch fällt keiner von ihnen zur Erde ohne den Willen eures Vaters. Bei euch aber sind sogar die Haare auf dem Kopf alle gezählt!

Gedanken zum Schrifttext

Gottes Fürsorge erhält die ganze Schöpfung.

Auch wenn wir auf unser Leben schauen, haben wir Grund zum »Erntedank«. Nicht alles ist uns gelungen. Nicht alle Träume konnten verwirklicht werden. Aber wir haben auch viel Reichtum empfangen, wir haben Gutes erfahren von unseren Eltern, Geschwistern, Freunden und Weggefährten, [von unserem Ehepartner und unseren Kindern] ... Wir sind zur Reife gelangt und immer wieder auf Wege geführt worden, die wir erst im Nachhinein als wunderbar erkannten.

So können und wollen wir Dank sagen für alle Erfahrungen, die wir erworben haben, für die großen Gefühle, die uns erfüllt haben, und das kleine Glück.

Wir wollen Dank sagen, weil wir Gott so wichtig sind! Sogar die Haare auf unserem Kopf sind gezählt, sagt Jesus. Gott liebt uns, wie nur ein Vater sein Kind lieben kann. »Teuer und wertvoll« sind wir in seinen Augen (vgl. Jesaja 43,4a); in seinen Händen sind wir geborgen.

Einladung zu stillen Fürbitten

Wir wollen nun in Stille an die Menschen denken, die uns besonders am Herzen liegen.

Wir wollen ihre Anliegen und Nöte vor Gott bringen und gleichzeitig Dank sagen, weil wir nicht ganz allein auf uns selbst gestellt sind, sondern in Beziehungen leben.

– *Kurze Stille* –

Öffnen der Pyxis

Vaterunser

Beten wir mit den Worten, die Jesus uns geschenkt hat:
Vater unser …

Kommunionvers

Selig, die zum Mahl des Lammes geladen sind!

Kommunionspendung

Gebet oder Lied

Ich steh vor dir mit leeren Händen, Herr, GL 621
Der Liedtext kann auch gebetet werden.

Segensbitte

Gottes Liebe leuchte über deinem Leben.
Die Kraft Christi durchströme dich.
Der Trost des Heiligen Geistes erfülle dich.

Dazu segne dich der gütige Gott:
der Vater und der Sohn und der Heilige Geist.

Lied

Danket, danket dem Herrn, GL 283

Im Jahreskreis, zum Erntedank

Im Monat der fallenden Blätter

Am Ende des Kirchenjahres

Begrüßung

Kreuzzeichen

Einführung

In diesen dunklen Tagen ist es oft auch dunkel in unserer Seele. Wir fühlen uns wie Ijob, dem Gott alles genommen hat: Familie, Besitz, Gesundheit. Ijob klagt Gott an: »Dahin sind meine Tage, zunichte meine Pläne, meine Herzenswünsche ... Ich habe keine Hoffnung.« Und er ruft verzweifelt aus: »Gäbe es doch einen, der mich hört. Das ist mein Begehr, dass der Allmächtige mir Antwort gibt« (Ijob 17,11.13; 31,35). Ijob muss lange warten, bis Gott ihm endlich antwortet. Zuerst kommen seine Freunde, führen kluge Reden und können ihn doch nicht trösten.

Ja – wer kann uns trösten, wer führt uns aus dem »finsteren Tal« (Psalm 23,4)? Nur Gott kann das letztlich leisten. Deshalb wenden wir uns immer wieder an ihn um Hilfe – wenn uns Zweifel quälen, wenn wir uns ganz verlassen fühlen – ja, dann erst recht! Denken wir daran, dass Jesus diese Gefühle auch gekannt hat. Er ist durch das »dunkle Tal« hindurch ins Leben gegangen, und er will auch uns die Fülle des Lebens schenken.

Lied

Mein Hirt ist Gott, der Herr

T/M: Ulenbergs Psalmen, 1582, nach Psalm 23 (22)

Mein Hirt ist Gott, der Herr, er will mich
im-mer wei-den, dar-um ich nim-mer-
mehr kann Not und Man-gel lei-den;
er wird auf grü-ner Au, so wie ich ihm vertrau, mir Rast und Nah-rung ge-ben und
wird mich im-mer-dar an Was-sern still und
klar er-fri-schen und be-le-ben.

2. Er wird die Seele mein mit seiner Kraft erquicken,
   wird durch den Namen sein auf rechte Bahn mich schicken,
   und wenn aus blinder Wahl ich auch im finstern Tal
   weitab mich sollt verlieren, so fürcht ich dennoch nicht;
   ich weiß mit Zuversicht, du, Herr, du wirst mich führen.

3. Du wirst zur rechten Zeit den Hirtenstab erheben,
   der allzeit ist bereit, dem Herzen Trost zu geben.
   Dazu ist wunderbar ein Tisch mir immerdar von dir,
   o Herr, bereitet, der mir die Kräfte schenkt,
   wann mich der Feind bedrängt, und mich zum Siege leitet.

Am Ende des Kirchenjahres

4. Du hast mein Haupt getränkt, gesalbt mit Freudenöle,
den Kelch mir eingeschenkt, hoch voll zur Lust der Seele.
Herr, deine Gütigkeit wird durch des Lebens Zeit
mich immer treu begleiten, dass ich im Hause dein
fest möge wohnhaft sein, zu ewiglichen Zeiten.

Kyrie

Gott des Lebens: Höre auf unser Rufen!
Gemeinsam: Kyrie eleison.
Herr über Mächte und Gewalten: Lass nicht zu, dass wir von Ängsten überwältigt werden!
Gemeinsam: Christe eleison.
Tröster in Verlassenheit: Gib uns neuen Mut!
Gemeinsam: Kyrie eleison.

Schriftlesung: Lukas 22,42–45; 23,45–46

In der Nacht vor seinem Leiden betete Jesus: Vater, wenn du willst, nimm diesen Kelch von mir! Aber nicht mein, sondern dein Wille geschehe. Da erschien ihm ein Engel vom Himmel und gab ihm neue Kraft.

Und er betete in seiner Angst noch inständiger, und sein Schweiß war wie Blut, das auf die Erde tropfte. Nach dem Gebet stand er auf, ging zu den Jüngern zurück und fand sie schlafend; denn sie waren vor Kummer erschöpft.

Am nächsten Tag erfüllte sich das Schicksal Jesu. Der Evangelist Lukas berichtet, dass um die Mittagszeit eine Finsternis das ganze Land bedeckte:

Die Sonne verdunkelte sich. Der Vorhang im Tempel riss mitten entzwei, und Jesus rief laut: Vater, in deine Hände lege ich meinen Geist. Nach diesen Worten hauchte er den Geist aus.

Evangelium unseres Herrn, Jesus Christus.
Gemeinsam: Lob sei dir, Christus.

Einige Gedanken

Auch Jesus hat Leid und Zweifel und Todesangst durchlitten. Seine Not war so groß, dass sein Schweiß »wie Blut« auf die Erde tropfte. Und dennoch fand er die Kraft zu sagen: Dein Wille geschehe! Woher sollen wir diese Kraft nehmen? Das erscheint uns manchmal wie eine übermenschliche Anstrengung, zu der wir nicht fähig sind.

In seiner Todesstunde konnte Jesus sagen: Vater, in deine Hände lege ich meinen Geist. Der Kampf war ihm nicht erspart geblieben, aber am Ende siegte sein großes Vertrauen, dass der Vater ihn auffangen würde.

Sie kennen vielleicht die Geschichte von der kleinen Seiltänzerin. Das Seil war vom Glockenturm einer Kirche über einen Platz bis zum Rathausturm gespannt, und die Vorstellung fand am Abend statt, bei Scheinwerferlicht und ohne Netz. Der Höhepunkt war der Auftritt eines jungen Mädchens, der Tochter des Schaustellerehepaares. Scheinbar schwerelos lief das Kind über den Abgrund von Dunkelheit zum Turm hinüber. Als man den Vater später fragte, warum er seine Tochter eine so halsbrecherische Kunst gelehrt habe, antwortete er: »Seiltanzen ist nicht schwer. Das Problem ist die Angst, ganz allein über der Tiefe zu sein … Meine Tochter fürchtet sich nicht, weil ich unten stehe. Sie ist überzeugt, dass da ein unsichtbares Netz ausgespannt ist, fester, als jedes sichtbare Netz geknüpft sein könnte.«

Ich wünsche Ihnen, ich wünsche uns den Mut, uns diesem unsichtbaren Netz anzuvertrauen.

Einladung zu stillen Fürbitten

Unser Gott ist kein ferner Gott. Er ist uns nahe, und vor ihn dürfen wir unsere Sorgen und Ängste, aber auch unsere Freude und unseren Dank bringen. Wir tun das in einem Moment der Stille und des Gebets.

Öffnen der Pyxis

Vaterunser

Beten wir mit den Worten, die Jesus uns geschenkt hat:
Vater unser …

Am Ende des Kirchenjahres

Kommunion

Zur Danksagung

Der Dichter Rainer Maria Rilke hat ein wunderbares Gedicht geschaffen, das in diese Jahreszeit passt:»Herbst« ist es überschrieben – doch wir können es als Gleichnis für die Schöpfung und unser Leben lesen:

Die Blätter fallen, fallen wie von weit,
als welkten in den Himmeln ferne Gärten;
sie fallen mit verneinender Gebärde.

Und in den Nächten fällt die schwere Erde
aus allen Sternen in die Einsamkeit.

Wir alle fallen. Diese Hand da fällt.
Und sieh dir andre an: es ist in allen.

Und doch ist Einer, welcher dieses Fallen
unendlich sanft in seinen Händen hält.
Rainer Maria Rilke

Segensbitte

»Wir alle fallen.« Es ist das Schicksal aller Dinge, dass sie vergänglich sind.

Wie gut zu wissen, dass wir uns in die Hände des lebendigen Gottes fallen lassen dürfen!

Ewiger Gott, in deine Hände geben wir unseren Geist – nicht erst am Ende unserer Tage.

Nimm unsere Not und unsere Ängste auf in dein Erbarmen und segne uns:
du, der Vater und der Sohn und der Heilige Geist.

I Die häusliche Kommunionfeier

II

... UND DER HERR WIRD IHN AUFRICHTEN *(Jakobus 5,15)*

Krankensalbung und Messfeier am Krankenbett

Der Wunsch kranker oder alter Menschen, die Kommunion zu Hause zu empfangen, nimmt immer mehr ab. Auch erfolgt die Krankensalbung meistens nicht in der vertrauten Umgebung der kranken und alten Menschen, also zu Hause, sondern zum Beispiel im Krankenhaus, in Pflegeheimen oder in besonderen Notsituationen, etwa nach einem Unfall. Nach wie vor wird die Krankensalbung von vielen als »Sterbesakrament« angesehen, nicht als Sakrament der Stärkung, und deshalb so lange es geht vermieden. Außerdem geschieht die Spendung der Krankenkommunion oder Krankensalbung oft nur im kleinen Rahmen; beteiligt sind häufig nur zwei Personen: der Spender und der Empfänger.

Eine Eucharistiefeier in der eigenen Wohnung bietet sich für Gläubige an, denen die Feier der Heiligen Messe immer ein besonders inniges Anliegen war und ist. Allerdings ist hier meist eine hohe Hemmschwelle zu überwinden. Alle häuslichen Feiern mit kranken und alten Menschen bedürfen heute einer starken Werbung durch die pastoralen Dienste. Seelsorger und pastorale Mitarbeiterinnen und Mitarbeiter sollten nicht müde werden, auf die Möglichkeiten aufmerksam zu machen und sie den betroffenen Menschen und ihrer Umgebung zu erschließen.

Vorbemerkungen

Die häusliche Krankenkommunion ist nicht kirchlichen Amtsträgern vorbehalten. In vielen Gemeinden ist es ein guter Brauch, dass Kommunionhelferinnen oder -helfer die Kranken und Alten aufsuchen. Besonders zeichenhaft ist es, wenn die Kommunion direkt von der sonntäglichen Eucharistiefeier zu den Menschen gebracht wird, die am Gemeindegottesdienst nicht mehr teilnehmen können. Das Sakrament der Krankensalbung obliegt dem Priester. Wenn aber kranke oder alte Menschen über einen längeren Zeitraum von einem/einer ehrenamtlichen Beauftragten der Gemeinde oder von einem Diakon betreut wurden, ist es angebracht, dass der das Sakrament spendende Priester diese Bezugsperson dazu einlädt.

Für die Gestaltung der Feier muss der gesundheitliche Zustand des kranken oder alten Menschen genau berücksichtigt werden. Das Alter, die Teilnahmefähigkeit, die Belastbarkeit, die zeitliche Dauer und der Zeitpunkt sollten aufeinander abgestimmt werden.

Wer nimmt an der Feier teil? Es bietet sich an, Familienmitglieder oder andere Anwesende dazuzubitten. Leider geschieht es in der Praxis oft, dass andere Personen bewusst den Raum verlassen, um den Kranken mit dem Kommunionhelfer oder dem Spender des Sakraments allein zu lassen. Deshalb sollte man die in der Wohnung Anwesenden immer ausdrücklich zum Mitfeiern einladen, ohne sie natürlich unter Druck zu setzen.

Der Raum bedarf einer einfachen, aber zum Gottesdienst einladenden Gestaltung. Sinnvoll ist ein für den kranken oder alten Menschen gut sichtbarer Tisch mit einem Kreuz, Blumen und einer Kerze.

Es ist angebracht, im Vorfeld Kontakt zur Familie oder den Betreuungspersonen aufzunehmen, um die nötigen Absprachen zu treffen und über den Zustand des kranken oder alten Menschen Bescheid zu wissen. Zum Beispiel sollte geklärt werden, ob kleine Stücke von Brothostien gereicht werden oder eine dünne Oblate, falls der Empfänger Schluckprobleme hat. Außerdem gibt es Allergien oder Unverträglichkeiten wie etwa Zöliakie, die besondere Hostien notwendig machen. Soll die Krankensalbung gespendet werden, wird der Priester den Zustand des Salböls überprüfen, denn es ist sicher angemessener, neues Öl für die Feier einer Krankensalbung zu weihen, als altes ranziges Öl zu benutzen, das vor längerer Zeit bei einer Chrisamliturgie vom Bischof geweiht wurde.

Auch bei häuslichen Feiern kann miteinander gebetet und gesungen werden. Es empfiehlt sich, bei Gebeten Litaneiformen zu benutzen mit immer gleichen Antworten. Bei Liedern gibt es sehr vertrautes Liedgut (zum Beispiel »Lobe den Herren« oder »Maria, breit' den Mantel aus«), das viele auswendig kennen. Außerdem bieten sich hier auch kurze, eingängige Liedrufe an.

Die häusliche Feier der Krankenkommunion mit der Feier der Krankensalbung

Die Feier enthält zwei Grundelemente, die einem Wortgottesdienst mit Kommunionfeier entsprechen. Die Krankensalbung vollzieht sich im Rahmen des Wortgottesdienstes; darauf folgt die Kommunionfeier. Beide Teile ergeben sich in ihrem Ablauf und ihren Elementen aus dem Rituale (Die Feier der Krankensakramente, Kapitel 1 und 2). Eine vorausgehende *Begrüßung* wird die konkrete Situation des Kranken und der mitfeiernden Personen aufgreifen und dient der Vorbereitung und Einführung in die liturgische Feier.

Mit der *liturgischen Eröffnung* beginnt dann der Gottesdienst, der in allen Elementen dem Rituale folgt.

Das *Schuldbekenntnis* kann gemeinsam gesprochen werden. Tritt an dessen Stelle das *Sakrament der Versöhnung* mit dem persönlichen Bekenntnis des Kranken, soll dies nach Möglichkeit vorher abgesprochen sein und vor der gemeinsamen Feier geschehen. Bei einer spontanen Entscheidung gilt es, die mitfeiernden Personen in einem anderen Raum in der gottesdienstlichen Atmosphäre zu bewahren, beispielsweise durch die Einladung zu einem stillen Gebet.

Die folgende *Schriftlesung* kann sich an den Tagestexten oder der Situation orientieren (s. u. S. 68–70 sowie S. 185).

Eine kurze *Einführung* oder *Auslegung* zum Schrifttext soll den Mitfeiernden helfen, die biblische Botschaft mit der konkreten Situation und ihrem Leben in Verbindung zu bringen.

Es folgt die Einladung zum *Fürbittgebet*. Entweder werden kurze vorbereitete Bitten gesprochen, oder es wird zu frei formulierten Bitten oder zu einem stillen Gebet eingeladen.

Die *Salbung* (mit Ölweihe oder Lobpreis) muss über die ihr zugeschriebenen Texte hinaus nicht ausgedeutet werden; das Sakrament spricht in Wort und Zeichen für sich selbst.

Es schließt sich das *Vaterunser* an als Verbindung zur Kommunionfeier, die in schlichter Form folgen sollte.

Die häusliche Feier der Eucharistie
mit Kranken

Die Grundform ergibt sich aus der »Feier der Eucharistie« im Messbuch (S. 25–75; s. auch: Dokumente zur Eucharistie, Arbeitshilfe Nr. 41, hg. von der Deutschen Bischofskonferenz) jeweils unter Berücksichtigung der konkreten Umstände, die in der Einleitung angesprochen sind.

Das Messbuch bietet eine besonders angepasstes Messformular an: »Messe für Kranke« (S. 1073). Einzelne Elemente sollten entsprechend der Situation ausgewählt und eingesetzt werden:
Thematisch orientierte Schrifttexte
Psalmgebete
Weitere Gebets- und Segenstexte.

Lesungstexte

1. Kranke erleben sich als Menschen, die aufgerichtet werden wollen:
Lukas 13,10–13
Am Sabbat lehrte Jesus in einer Synagoge. Dort saß eine Frau, die seit achtzehn Jahren krank war, weil sie von einem Dämon geplagt wurde; ihr Rücken war verkrümmt, und sie konnte nicht mehr aufrecht gehen. Als Jesus sie sah, rief er sie zu sich und sagte: Frau, du bist von deinem Leiden erlöst. Und er legte ihr die Hände auf. Im gleichen Augenblick richtete sie sich auf und pries Gott.

2. Anlässlich der Krankensalbung: Jakobus 5,13–15
Ist einer von euch bedrückt? Dann soll er beten. Ist einer fröhlich? Dann soll er ein Loblied singen. Ist einer von euch krank? Dann rufe er die Ältesten der Gemeinde zu sich; sie sollen Gebete über ihn sprechen und ihn im Namen des Herrn mit Öl salben. Das gläubige Gebet wird den Kranken retten, und der Herr wird ihn aufrichten; wenn er Sünden begangen hat, werden sie ihm vergeben.

3. *Kranke mit dem Blick auf den Tod suchen Sicherheit für das,*
   was kommt: Johannes 14,1–4
Euer Herz lasse sich nicht verwirren. Glaubt an Gott und glaubt an
mich! Im Haus meines Vaters gibt es viele Wohnungen. Wenn es
nicht so wäre, hätte ich euch dann gesagt: Ich gehe, um einen Platz
für euch vorzubereiten? Wenn ich gegangen bin und einen Platz für
euch vorbereitet habe, komme ich wieder und werde euch zu mir
holen, damit auch ihr dort seid, wo ich bin. Und wohin ich gehe –
den Weg dorthin kennt ihr.

4. *Kranke suchen Zuversicht und Bestärkung –*
   »Er hat alles gut gemacht«: Markus 7,31–37
Jesus verließ das Gebiet von Tyrus wieder und kam über Sidon an den
See von Galiläa, mitten in das Gebiet der Dekapolis. Da brachte man
einen Taubstummen zu Jesus und bat ihn, er möge ihn berühren. Er
nahm ihn beiseite, von der Menge weg, legte ihm die Finger in die
Ohren und berührte dann die Zunge des Mannes mit Speichel;
danach blickte er zum Himmel auf, seufzte und sagte zu dem Taubstummen: Effata!, das heißt: Öffne dich! Sogleich öffneten sich seine Ohren, seine Zunge wurde von ihrer Fessel befreit, und er konnte richtig reden. Jesus verbot ihnen, jemandem davon zu erzählen.
Doch je mehr er es ihnen verbot, desto mehr machten sie es bekannt.
Außer sich vor Staunen sagten sie: Er hat alles gut gemacht; er macht,
dass die Tauben hören und die Stummen sprechen.

5. *Kranke erleben Menschen um sich als Stütze und Weg zu Gott:*
   Markus 2,3–12
Da brachte man einen Gelähmten zu Jesus; er wurde von vier Män-
nern getragen.
   Weil sie ihn aber wegen der vielen Leute nicht bis zu Jesus bringen konnten, deckten sie dort, wo Jesus war, das Dach ab, schlugen
(die Decke) durch und ließen den Gelähmten auf seiner Tragbahre
durch die Öffnung hinab. Als Jesus ihren Glauben sah, sagte er zu
dem Gelähmten: Mein Sohn, deine Sünden sind dir vergeben!
   Einige Schriftgelehrte aber, die dort saßen, dachten im Stillen:
Wie kann dieser Mensch so reden? Er lästert Gott. Wer kann Sünden vergeben außer dem einen Gott? Jesus erkannte sofort, was sie

dachten, und sagte zu ihnen: Was für Gedanken habt ihr im Herzen?
Ist es leichter, zu dem Gelähmten zu sagen: Deine Sünden sind dir
vergeben!, oder zu sagen: Steh auf, nimm deine Tragbahre und geh
umher? Ihr sollt aber erkennen, dass der Menschensohn die Voll-
macht hat, hier auf der Erde Sünden zu vergeben. Und er sagte zu
dem Gelähmten: Ich sage dir: Steh auf, nimm deine Tragbahre, und
geh nach Hause! Der Mann stand sofort auf, nahm seine Tragbahre
und ging vor aller Augen weg. Da gerieten alle außer sich; sie priesen
Gott und sagten: So etwas haben wir noch nie gesehen.

Psalmgebete in freier Übersetzung

Psalm 23
mein hirt
ist gott
der herr
mit fehlt nichts
er führt mich mitten durch wüsten
zu einer OASE
und lässt mich finden
einen quell
er lenkt meine sehnsucht
und meine neugier
die groß ist
und lässt mich finden
meinen weg

und wenn ich auch oft
durch dunkle tiefen muss
bis an den rand des todes
ich fürchte nicht
meinen untergang
denn DU
verborgener
begleitest mich
dein stock
den ich spüre
an meinem leib
sagt mir
dass du mich nicht
aus dem auge verlierst

und was mich bedrückt
wird plötzlich zum trost
und du leitest mich
auf des messers schneide
durch dunkelheit
die umschlägt in licht

du hast immer
zur rechten zeit
einen tisch mir gedeckt
und wenn ich meine
jetzt hat ER mich verlassen
dann fällt plötzlich
brot aus der luft
du erfrischt mein gesicht
wenn angstschweiß
mir auf der stirne steht
und wenn meine zunge
am gaumen klebt
und ich sprachlos bin
kommt unverhofft
ein schluck hoffnung
mein weg ist gezeichnet
von glück
und angst
und glück
und immer aufs neue
umgibst du mich
mit zeichen
der freundschaft
DU
Wilhelm Willms

Psalm 84
Meine Seele wohnt bei dir
Meine Seele hat bei dir Zuflucht gefunden.
Wie gut, dass ich bei dir zu Hause bin.
Meine Seele verlangt nach dir.
Wie gut, dass ich bei dir aufgehoben bin.
Meine Seele hat ein Haus gefunden,
wie die Schwalbe ein Nest für ihre Jungen.
Wie gut, dass ich bei dir geborgen bin.

Meine Seele verbindet sich mit den anderen,
die die Seelenverwandtschaft mit Gott erkennen.
Wie gut, dass wir bei dir glücklich sind.

Meine Seele sehnt sich nach deinem Reich,
in dem die Güte ausgeteilt wird mit vollen Händen.
Und sich Friede und Gerechtigkeit miteinander verbünden.
Wie gut, dass dein Reich kein Ende hat.

Meine Seele sehnt sich nach dir,
und freut sich auf die Ewigkeiten,
in denen wir uns wiedererkennen
mit allen Entschlafenen –
und selig sind in dir.
Uwe Seidel

Psalm 119
Du machst mich frei
von meiner drückenden Last,
du machst mich los
von meinen unseligen Bindungen,
du löst mich
aus meinen Traurigkeiten,
du entfesselst mich
zu einem neuen Leben
vor dem Tod;
denn du wohnst mitten unter uns.

Psalmgebete in freier Übersetzung

73

Darum lobe ich meinen Gott,
der aus der Knechtschaft mich erlöst.
damit ich frei bin.

Dein Wort in mir,
ein kleines Licht,
aber meines Fußes Leuchte
und ein Licht auf meinen nicht ganz einfachen Wegen;
aber ein Licht,
damit mein Fuß sich nicht wund tritt
an den Steinen,
die mir in den Weg gelegt werden.

Darum lobe ich meinen Gott,
der auf den Wegen mich begleitet,
damit ich gehe
und nicht falle.
Uwe Seidel

Segensgebete

Gott, der Barmherzige
erfülle dein Leben mit seiner Kraft:
dass du entbehren kannst und daran stark wirst,
dass du umkehren kannst, um den rechten Weg zu gehen,
dass du vertrauen kannst in allen Unsicherheiten.
Quelle unbekannt

Der Herr segne dich
und berge dich im Schatten seiner Flügel.
Er schicke dir seinen Engel entgegen,
damit du den Weg zu ihm findest.
Er lasse dich nicht ins Leere fallen,
sondern berge dich in seinen Händen.
Nach Psalm 91

II Krankensalbung und Messfeier am Krankenbett

Der Herr segne dich und behüte dich,
der Herr lasse sein Angesicht über dich leuchten und sei dir gnädig,
der Herr wende dir sein Angesicht zu und schenke dir Heil.
Numeri 6,24–26

Gott, der Barmherzige und Allmächtige, segne dich:
Er schenke dir immer neu Momente der Begegnung mit ihm,
die dich stärken.
Und in den Augenblicken,
in denen du ihn vermisst,
gebe er dir Kraft und einen langen Atem.
Susanne Körber

Gott, der Trost schenkt,
sei in Trauer und Klage an deiner Seite.
Gott, der Freude gibt,
schenke dir Lieder und Worte des Lobes.
Gott, der verwandelt und heilt,
sei Tag für Tag an deiner Seite
und fordere dich heraus.
Susanne Körber

Gott segne dich:
Er halte seine gute Hand über dich,
wenn nun das Dunkel der Nacht sich leise über uns senkt.
Er helfe dir, Abschied zu nehmen
von den Mühen und Sorgen des Tages.
Deiner Seele schenke er die Stille, die sie sucht,
und lasse sie ihren Frieden darin finden.
Der barmherzige Gott versöhne dich mit dem,
was du dir und anderen heute schuldig geblieben bist.
Er lasse deine Hoffnung auf Erbarmen nicht untergehen
mit der Sonne,
die am Horizont sinkt.
Das gewähre euch allen der Herr,
der Tag und Nacht geschaffen hat.
Quelle unbekannt

Psalmgebete in freier Übersetzung

Gesegnet deine Trauer,
dass du nicht erstarrst vor Schmerz,
sondern Abschied nehmen
und dich behutsam lösen kannst,
ohne dich verloren zu geben.

Gesegnet deine Klage,
dass du nicht verstummst vor Entsetzen,
sondern herausschreien kannst,
was über deine Kraft geht
und dir das Herz zerreißt.

Gesegnet deine Wut,
dass die Entmutigung dich nicht überwältige,
sondern die Kraft in dir wachse,
für dich zu kämpfen,
trotzdem dein Leben zu wagen.

Gesegnet deine Einsamkeit,
dass du Raum findest, Vergangenes zu ordnen,
ohne schnellen Trost zu suchen
und in blinder Flucht
neues Unheil auf dich herabzuziehen.

Gesegnet du,
dass du Unsicherheit aushalten
und Ängste bestehen kannst,
bis du wieder festen Grund spürst
unter deinen Füßen
und ein neuer Tag dir sein Licht schenkt.
Sabine Naegeli

III
WEIL DU MICH TRÄGST!

Kommunionfeier mit demenzkranken Menschen

Wer Hausbesuche bei kranken und alten Gemeindemitgliedern macht, wer im Auftrag der Gemeinde ins Altenheim geht, wird immer wieder auch demenzkranken Menschen begegnen, die nur bedingt in der üblichen Weise »ansprechbar« sind. Wie stark die Kommunikation eingeschränkt ist, das hängt von der Schwere der Erkrankung bzw. vom Krankheitsstadium ab. Es ist günstig, wenn für Besuche und vor allem für die Hauskommunion bei verwirrten alten Menschen nicht wechselnde Kommunionhelferinnen und -helfer eingesetzt werden, sondern Menschen, die sich bewusst für diese Aufgabe entschieden haben, für Stetigkeit bürgen und Erfahrungen auf diesem schwierigen Feld sammeln konnten, möglichst auch eine Ausbildung/Schulung durchlaufen haben. Wer in den Dienst hineinwachsen möchte, sollte eine Zeit lang eine erfahrene Person bei ihren Besuchen begleiten. Es ist ideal, wenn dieser »Pate« bzw. diese »Patin« auch später als Gesprächspartner zur Verfügung steht.

Ehrenamtliche Kommunionhelferinnen und -helfer, die Demenzkranke im Altenheim oder zu Hause besuchen, sind auf Unterstützung angewiesen, damit sie die oft belastenden Situationen bewältigen können: Sie brauchen die Anbindung an eine Gruppe, Erfahrungsaustausch, möglicherweise Supervision und von Zeit zu Zeit einen »Oasentag«. Für sie ist es besonders wichtig, nach dem Besuch Abstand zu gewinnen – zum Beispiel durch persönliche Rituale, einen ausgedehnten Spaziergang, Sport, Musikhören, sicher aber auch, indem sie die Not, die sie gespürt und ins eigene Herz aufgenommen haben, im Gebet »loslassen« und somit in die Hand Gottes geben.

Die Kommunionfeier mit einem demenzkranken Menschen sollte kurz und einfach gehalten werden. Das gilt grundsätzlich für die Haus- und Krankenkommunionfeier mit betagten Menschen, mit Schwerkranken und Menschen in ihrer letzten Lebensphase. Wenn jemand auf Gebet, Schriftwort oder Segensbitte nicht mehr in einer Weise reagieren kann, die wir für »angemessen« halten, heißt das allerdings nicht, dass das Gebet überflüssig wäre. Man kann nicht nur mit einem Menschen beten, sondern auch stellvertretend für ihn. Auch der verwirrte alte Mensch ist Mitglied der Gemeinde, er ist Geschöpf Gottes, und für ihn gilt wie für alle Glaubenden die Zusage des Lebens in seiner ganzen Fülle.

Besuchsdienstmitarbeiterinnen und -mitarbeiter berichten, dass das Singen eine gute Möglichkeit ist, zu dem demenzkranken Menschen »durchzustoßen«. Demente alte Menschen erinnern sich oft noch an Lieder aus ihrer Kindheit. Man sollte also möglichst auf ältere, bekannte Lieder zurückgreifen (s. auch die Hinweise auf S. 186–187). Doch mancher Seelsorger, manche Kommunionhelferin traut sich nicht zu singen. Wenn man sich schwer damit tut, ein Lied anzustimmen und möglicherweise sogar ganz allein vorzusingen, dann darf man getrost darauf verzichten. Niemand sollte sich etwas abverlangen, das ihm nicht liegt und ihn zusätzlich unter Stress stellt. Oft reicht es aber auch schon, eine bekannte Melodie zu summen.

Nicht nur beim Singen, auch sonst mögen sich gelegentlich herausfordernde Situationen ergeben. Wie reagiert man, wenn der alte Mensch das Lied »Lobe den Herrn« plötzlich unterbricht und mit »Hänschen klein« fortfährt – oder wenn mitten in das Vaterunser hinein eine Geschichte erzählt wird, die mit dem Zusammenhang gar nichts zu tun hat? Dafür gibt es keine allgemein gültigen Rezepte. Unerschüttert bleiben, notfalls mitsingen, behutsam wieder zur gottesdienstlichen Feier zurücklenken, empfehlen Praktiker. Es gibt keinen Grund, sich vor anwesenden Angehörigen oder Pflegekräften zu genieren. Im Gegenteil: Man darf guten Gewissens die Hilfe der Menschen in Anspruch nehmen, die den Kranken und seine Verhaltensweisen seit Langem kennen. Doch sollte man auch die Fürbitte für die pflegenden Angehörigen nicht vergessen! Außerdem ist es gut, sich noch etwas Zeit zu nehmen, wenn die Angehörigen nach der Kommunionfeier Gesprächsbedarf anmelden.

Ein Geschenk bzw. ein Symbol mitzubringen – etwa eine Karte oder ein Bild, einen Stern (wie im nachfolgenden Vorschlag »Zeige uns das Licht«), eine Blume, – ist eine schöne Geste.

Der Ablauf einer kurzen Kommunionfeier mit einem demenzkranken, betagten Menschen kann so aussehen:

Begrüßung, kurze Vorstellung, einige Sätze zum Einstieg
Überleitung zur Feier: Kreuzzeichen
Lied und / oder Gebet
Öffnen der Pyxis
Vaterunser (wenn es noch möglich ist, gemeinsam – wobei
*   auch anwesende Angehörige einbezogen werden sollten)*
Schriftwort / Kommunionvers
Kommunionspendung
Dank- und Segensgebet
Einige persönliche Sätze, Verabschiedung

Es kann aber sein, dass auch diese reduzierte Form noch »zu viel« ist. Die Aufmerksamkeitsspanne ist gewöhnlich sehr kurz. Je nach Situation bietet es sich an, aus den folgenden Modellen nur wenige Elemente zu übernehmen. Gerade bei Alzheimer-Demenz – der häufigsten Demenzerkrankung – haben die Menschen oft noch Erinnerungen an ihre Kindheit, während alles, was seitdem geschah, gelöscht ist. Damals sah die Liturgie allerdings anders aus als heute. Wer vor siebzig oder achtzig Jahren geboren wurde, wuchs mit Andachtsformen und Gebetsgesten auf, die jüngeren Kommunionhelferinnen und -helfern fremd sind. Sie werden es vielleicht schwierig finden, sich darin einzufühlen, sollten es aber dennoch versuchen. So kann es hilfreich sein, einige Körner Weihrauch aufzulegen oder ein Weihwasserkesselchen mitzubringen, um den kleinen Hausaltar zu segnen. Dem Kranken kann man mit Weihwasser ein Kreuz auf die Stirn zeichnen; auch das weckt vielleicht Erinnerungen, weil es die Mutter früher immer getan hat ...

An die Stelle eigener Worte, die möglicherweise nicht »ankommen«, kann auch ein Rosenkranzgesätz treten.

Je nach Situation kann es sinnvoll sein, sich für eine Feier mit den Angehörigen zu entscheiden und den Demenzkranken einfach in diesen Hausgottesdienst hineinzunehmen.

Ich hoffe auf den Herrn
Im Jahreskreis

Kreuzzeichen

Lied
Wer nur den lieben Gott lässt walten, GL 295

Gebet
In Gottes gute Hände geben wir uns.
Herr, erhöre unser Gebet.
(Eventuell gemeinsam:) Und lass unser Rufen zu dir kommen.

Öffnen der Pyxis

Vaterunser
Sprechen wir gemeinsam das Gebet des Herrn:
Vater unser im Himmel,
geheiligt werde dein Name,
dein Reich komme.
Dein Wille geschehe, wie im Himmel so auf Erden.
Unser tägliches Brot gib uns heute.
Und vergib uns unsere Schuld,
wie auch wir vergeben unseren Schuldigern.
Und führe uns nicht in Versuchung,
sondern erlöse uns von dem Bösen.
Denn dein ist das Reich und die Kraft
und die Herrlichkeit in Ewigkeit.
Amen.

III Kommunionfeier mit demenzkranken Menschen

Kommunionvers

Ich hoffe auf den Herrn, es hofft meine Seele,
ich warte voll Vertrauen auf sein Wort.
Psalm 130,5

Kommunionspendung

Dank- und Segensgebet

Gütiger Gott, du bist immer bei uns.
Du siehst uns und liebst uns.
Dafür sagen wir dir Dank.

Du kennst unser Herz,
und du verstehst uns.
Du nimmst uns an, so wie wir sind.
Gib einem jeden von uns,
gib NN. und seinen/ihren Angehörigen
Kraft zum Leben.

So segne uns, liebevoller Gott:
du, der Vater und der Sohn und der Heilige Geist.

Gegrüßet seist du, Maria

Gegrüßet seist Du, Maria, voll der Gnade.
Der Herr ist mit Dir.
Du bist gebenedeit unter den Frauen,
und gebenedeit ist die Frucht Deines Leibes, Jesus.
Heilige Maria, Mutter Gottes,
bitte für uns Sünder, jetzt und in der Stunde unseres Todes.
Amen.

Sei du meine Kraft!

Begrüßung

Kreuzzeichen

Lied
Zu dir, o Gott, erheben wir, GL 462

Gebet
Beten wir zu Jesus,
der uns stärken will:

Seele Christi, heilige mich.
Leib Christi, rette mich.
Blut Christi, tränke mich.
Wasser der Seite Christi, wasche mich.
Leiden Christi, stärke mich.
O guter Jesus, erhöre mich.
Ignatius von Loyola

Öffnen der Pyxis

Vaterunser
Beten wir, wie Jesus uns gelehrt hat: Vater unser …

Schriftwort: Matthäus 11,28
Jesus sagt:
Kommt alle zu mir,
die ihr euch plagt
und schwere Lasten zu tragen habt.
Ich werde euch Ruhe verschaffen.

Kommunionspendung

Dank- und Segensgebet
Jesus, sei du unsere Kraft,
wenn uns die Kräfte verlassen.
Sei du unser Weg,
wenn wir uns nicht mehr auskennen.
Du tröstest uns im Leiden.
Bleibe bei uns.
Du hilfst weiter,
wo wir uns allein nicht helfen können.
Du verstehst uns,
wenn uns alles zu schwer wird.

Danke, dass du uns mit dem Brot des Lebens stärkst!

Um Gottes Segen bitten wir
für NN.
und alle, die sich um ihn/sie sorgen.

Begleite uns auf allen Wegen, guter Gott:
du, der Vater und der Sohn und der Heilige Geist.

Gegrüßet seist du, Maria

Zeige uns das Licht

In der Weihnachtszeit, zum Fest Epiphanie

Kreuzzeichen

Lied

Menschen, die ihr wart verloren T/M: C. B. Verspoell

1. Men - schen, die ihr wart ver - lo - ren,
   Heut ist Got - tes Sohn ge - bo - ren,

   le - bet auf, er - freu - et euch!
   heut ward er den Men - schen gleich.

   Lasst uns vor ihm nie - der - fal - len, ihm soll Preis und

   Dank er - schal - len: „Eh - re sei Gott, Eh - re sei Gott,

   Eh - re sei Gott in der Hö - he!"

2. Welches Wunder reich an Segen / stellt euch dies Geheimnis dar!
   Seht, der kann sich selbst nicht regen, / durch den alles ist und war.
   Lasst uns ...

3. Menschen liebt, o liebt ihn wieder / und vergesst der Liebe nie!
   Singt mit Andacht Dankeslieder / und vertraut, er höret sie!
   Lasst uns ...

III Kommunionfeier mit demenzkranken Menschen

Gebet

Vater im Himmel,
du zeigst uns dein Licht.
Es leuchtet uns auch in dunklen Stunden –
dieser Stern soll daran erinnern.
Dank sei dir dafür.

Öffnen der Pyxis

Vaterunser

Gott will uns mit dem Lebensbrot stärken.
Beten wir zuvor, wie wir es von Jesus gelernt haben: Vater unser …

Kommunionvers

Das Volk, das im Dunkel lebt, sieht ein helles Licht.
Jesaja 9,1a

Kommunionspendung

Dank- und Segensgebet

Jesus, du guter Stern in unserem Leben:
Wir danken dir für alles, was du uns schenkst.
Tröste die Kranken und alle Menschen, die in Not sind,
und steh denen zur Seite, die sich um sie bemühen.

N.N., sei gesegnet vom allmächtigen Gott.
Er trage dich, wie er dich immer getragen hat.

Begleite uns, guter Gott, durch unser ganzes Leben:
du, der Vater und der Sohn und der Heilige Geist.

Gegrüßet seist du, Maria

*Als kleine Gabe kann ein (vielleicht von Kindern der Gemeinde)
gebastelter Stern mitgebracht werden.*

Gott, lass uns aufleben durch Jesus
In der Osterzeit

Begrüßung

Kreuzzeichen

Lied
Freu dich, erlöste Christenheit

T: Mainz (1787) M: Limburg (1838)

1. Freu dich, er - lös - te Chris - ten - heit, freu
dich und sin - ge! Der Hei-land ist er-stan-den heut.
Hal - le - lu - ja! sing fröh - lich: Hal - le - lu - ja!

2. Drei Tage nur hielt ihn das Grab, freu dich und singe!
Er warf des Todes Fesseln ab, Halleluja!
Sing fröhlich: Halleluja!

3. Lebt Christus, was bist du betrübt? Freu dich und singe!
Du weißt, dass er dich herzlich liebt. Halleluja!
Sing fröhlich: Halleluja!

4. Durch ihn bist du mit Gott versöhnt, freu dich und singe!
Durch ihn mit Gottes Huld gekrönt. Halleluja!
Sing fröhlich: Halleluja!

III Kommunionfeier mit demenzkranken Menschen

Gebet

Gott, wir danken dir für die Auferstehung deines Sohnes Jesus.
Richte auch uns auf,
stärke uns mit Brot vom Himmel,
lass uns aufleben durch ihn, unseren Bruder und Herrn.

Öffnen der Pyxis

Vaterunser

Beten wir mit den Worten, die Jesus uns gelehrt hat: Vater unser ...

Kommunionvers

Die Engel sagten zu den Frauen, als sie zum leeren Grab kamen:
Was sucht ihr den Lebenden bei den Toten?
Er ist nicht hier, sondern er ist auferstanden.
Lukas 24,5b.6a

Kommunionspendung

Dank- und Segensgebet

Aus dem Leid zur Freude,
aus dem Dunkel zum Licht: Das ist Ostern.

Vater im Himmel,
schenke NN., seinen/ihren Angehörigen
und allen Menschen das Licht der Auferstehung.

Danke, dass du ein Gott des Lebens bist!

Gewähre NN. das wahre Leben durch Jesus Christus
und segne ihn/sie und uns, die wir hier versammelt sind,
mit deiner Liebe:
du, der Vater und der Sohn und der Heilige Geist.

Lied

Freu dich, du Himmelskönigin, GL 578

Auferstehung Christi

Bibelfenster I im Kölner Dom, 13. Jh.

© *Dombauarchiv Köln*

Bildkarte Nr. 6127 aus dem Beuroner Kunstverlag, 88631 Beuron

III   Kommunionfeier mit demenzkranken Menschen

IV
DU BIST BEI MIR,
WAS AUCH GESCHIEHT

Kommunionfeier im Krankenhaus

Kommunionfeier im Krankenhaus, am Krankenbett auf einer onkologischen Station, in der Geriatrie, auf der »Inneren«, in der Psychiatrie oder Pädiatrie – keine kleine Herausforderung! Es fehlt die Intimität der häuslichen Feier. Die Anonymität macht vor allem ehrenamtlichen Kommunionhelferinnen und -helfern zu schaffen. Oft ist es die erste – und manchmal einzige – Begegnung zwischen der Kommunionspenderin bzw. dem Kommunionspender und dem/der Kranken. Ich gehörte einige Jahre als Ehrenamtliche zum Team der Katholischen Krankenhausseelsorge an einem Großklinikum und habe aus dieser Zeit noch lebhafte Erinnerungen. Während die Klinikpfarrer die Patienten, die Kontakt wünschten, häufiger besuchen konnten, leisteten die ehrenamtlichen Helferinnen und -helfer nur am Wochenende ihren Dienst. Im Büro der Krankenhausseelsorge nahmen wir unseren »Laufzettel« in Empfang, auf dem die Stationen notiert waren, die wir aufsuchen sollten, und außerdem die Pyxis, die jeder selbstständig mit geweihten Hostien aus dem Tabernakel der Klinikkapelle füllte. Dann machten wir uns auf den Weg.

Kein leichter Dienst! Desinteressierte, verständnislose oder ablehnende Mienen, ein Achselzucken oder Kopfschütteln waren die Regel. Ein großes Universitätsklinikum beherbergt Patienten jeden Alters, aller Religionen, Sprachen und Kulturen, schwerkranke und sterbende, hoffnungsvolle und angsterfüllte Menschen, Reiche und Arme – vom Kind bis zum demenzkranken Greis, vom arabischen Ölmillionär bis zum Obdachlosen. Manche Betten sind von Angehörigen umlagert. In anderen liegen Kranke, die kein Erkennungszeichen geben. Die Pflegekräfte und Ärzte werden häufig über die Grenze ihrer Belastbarkeit hinaus gefordert. Da fühlen ehrenamtliche Mitarbeiterinnen und Mitarbeiter sich oft als Fremdkörper – und sehr alleingelassen. Sie haben Hemmungen, das Personal anzusprechen, möchten die eingespielten Arbeitsabläufe nicht stören … Umso wichtiger ist es, dass ehrenamtliche Kommunionhelferinnen und -helfer gut in das Seelsorgeteam eingebunden sind, dass sie von den Seelsorgerinnen und Seelsorgern begleitet und unterstützt werden und von Zeit zu Zeit die Möglichkeit erhalten, sich in der Gruppe über ihre Erfahrungen auszutauschen. Die eigene Auseinandersetzung mit Krankheit und ihren Begleiterscheinungen, mit Leid und Tod ist notwendig; Fortbildung und Supervision sind unverzichtbar – gerade auch für Ehrenamtliche.

Mir war es in jener Zeit wichtig, das Gespräch mit den Patienten zu suchen und die Kommunionspendung jedes Mal in eine kleine Feier einzubetten. Das gelang fast immer, weil ich mir für meinen Dienst viel Zeit nehmen konnte. Der ganze Samstagmorgen – bis zum Mittag und oft weit darüber hinaus – war dafür reserviert. So konnte ich die Krankenzimmer gelassen und ruhig betreten, ohne ständig die Uhr im Sinn zu haben. Zeit haben, ganz da sein in der jeweiligen Situation und für den Menschen, den man besucht – das sind wichtige Voraussetzungen für den ehrenamtlichen Kommunionhelferdienst. Ich erinnere mich an manches gute Gespräch mit Patienten und Angehörigen, aber natürlich auch an bedrückende Situationen. An die junge Frau mit dem inoperablen Hirntumor, die so voller Hoffnung in die Chemotherapie ging und mir von ihren kleinen Kindern zu Hause erzählte. An die Wöchnerin, eine Filipina, mit der ich mich nur auf Englisch verständigen konnte und die außer einem fremd gebliebenen Ehemann, der sie aus einem Katalog herausgesucht hatte, nur einen einzigen Menschen auf der Welt hatte: ihren neugeborenen Sohn. An den Geschäftsmann, der einen Herzinfarkt überstanden hatte und weinend in seinem Bett lag … Es waren meist flüchtige Begegnungen, aber alle hinterließen ihre Spuren – hoffentlich nicht nur bei mir, sondern auch bei den Kranken, denen ich nur einen bescheidenen Dienst leisten konnte. Sie alle waren in einer Ausnahmesituation, abgeschnitten vom normalen Alltag und gewöhnlich mit einer schweren Erkrankung konfrontiert. Manche setzten sich in dieser Zeit neu mit Glaubensfragen auseinander, die sie sonst immer ausgeblendet hatten. Andere spürten, dass der Boden, auf dem sie so sicher zu stehen geglaubt hatten, plötzlich wankte. Sie waren unsicher; sie bemühten sich, ihre Angst im Zaum zu halten – oder aber sie zu verdrängen. Meine Aufgabe sah ich darin, ihnen eine Tür zu öffnen: Die Kommunion, die ich ihnen brachte, nahm sie hinein in die Gemeinschaft der Glaubenden. Für einige war das eine momentane Hilfe, sie fühlten sich getröstet und gestärkt; andere empfanden nicht die Erleichterung, auf die sie gehofft hatten – aber, so sagte mir ein älterer Mann treuherzig:»Schaden wird es ja sicher nicht.« Ich lächelte ihm zu und sagte:»Nein, schaden wird es nicht – aber vielleicht doch helfen, wenn Sie das jetzt auch noch nicht spüren –, und ich werde auf jeden Fall an Sie denken und für Sie beten.« –»Ich denke an Sie!«, mit diesem Satz verließ ich häufig das Krankenzimmer.

Trotz der schwierigen Rahmenbedingungen war mir mein Dienst als Kommunionhelferin im Universitätsklinikum bald lieb und vertraut, und ich wusste seine Chancen zu schätzen. Ärzte, Pflegekräfte und Therapeuten begegnen den Patienten auf einer professionellen Ebene, aber mit weltanschaulicher Neutralität. Wenn ein Seelsorger oder eine Seelsorgerin, eine Ordensfrau oder ein ehrenamtlicher Kommunionhelfer ins Zimmer kommt, sich kurz vorstellt, die Pyxis mit den Hostien auf dem Nachttisch bereitlegt und eine Kerze anzündet, wissen die Kranken: Jetzt geht es nicht um Fragen von Medikation oder Diät, noch ist unverbindlicher Smalltalk angesagt. Es geht um mich ganz persönlich, um meinen Glauben, mein Vertrauen, mein Verlangen nach Halt und Orientierung und Zukunft. Kranke auf ihrem Glaubensweg *begleiten* – das ist eine Aufgabe der Seelsorge, die Ehrenamtliche normalerweise nicht übernehmen können. Oft bleibt es bei einem Besuch; ein paar Tage später ist der Patient vielleicht schon entlassen oder verlegt – oder auch verstorben. Auch das muss man verkraften: dass man selbst so wenig ausrichten, dass man keine dauerhafte Beziehung aufbauen kann.

Vor diesem Hintergrund ist es sehr wichtig, dass derjenige, der die Kommunion spendet, nicht»vor-«, sondern immer»mitbetet«.»Ich denke an Sie, ich bete für Sie!«, dieser Satz zum Abschied darf keine Floskel werden. Wenn ich damals meinen Dienst beendete und die Pyxis in die Kapelle zurückbrachte, blieb ich immer noch eine Zeit lang in der Nähe des Tabernakels und ließ die Eindrücke in mir nachwirken. Und immer wieder sagte ich mir: Es geht nicht nur darum,

einem Kranken die Hostie in die Hand oder auf die Zunge zu legen.
Es geht um »Kommunion«, das heißt, um Verbindung, um Gemeinschaft, um Nähe – und es geht um Kommunion*feier*, das heißt auch:
um Dankbarkeit dafür, dass Menschen im Glauben füreinander da
sind, dass der Glaube stärkt und im eigentlichen, umfassenden Sinn
gesund macht.

Keine Kommunionfeier gleicht der anderen. Sonst würde die Spendung der Krankenkommunion schnell zur Routine. Es ist wichtig,
den einzelnen Menschen in seiner Lebenslage wahrzunehmen.
Trotzdem gibt es so etwas wie ein »Gerüst«, an das man sich halten
kann – immer in der Freiheit, davon abweichen, wenn die Situation
es nahelegt. So könnte der Ablauf einer Kommunionfeier im Krankenhaus aussehen:

Begrüßung, kurze Vorstellung, einige Sätze, um einander
kennenzulernen.
Überleitung zur Feier: Kreuzzeichen
Hinführendes Gebet
Kyrierufe und Bitte um Vergebung
Schriftwort – eventuell einige kurze Gedanken dazu
Öffnen der Pyxis oder Bursa
Vaterunser (wenn möglich, gemeinsam – wobei auch anwesende
    Angehörige einbezogen werden sollten)
Kommunionvers
Kommunionspendung
Dankgebet
Segensbitte, Kreuzzeichen
Einige persönliche Sätze, Verabschiedung

Ein vorbereiteter äußerer Rahmen fehlt meistens im Krankenhaus.
Besonders in einem großen Klinikum ist man als Kommunionhelfer auf sich gestellt. Man sollte deshalb außer der Pyxis oder Bursa
mit den geweihten Hostien Folgendes mitbringen: eine Kerze mit
Fuß oder ein Teelicht im Halter sowie Streichhölzer, ein kleines
Kreuz, gegebenenfalls ein weißes Tuch, um Kreuz und Pyxis darauf
bereitzulegen und die Kerze aufzustellen, und eine Bibel, in der man

den Schrifttext markiert hat, den man vorlesen möchte; in die Bibel kann man Gebetstexte und einen Stichwortzettel einlegen. Natürlich ist es am schönsten, frei zu beten und auch die kurze Schriftauslegung ohne Konzept zu halten; so kann man den Kranken unmittelbar ansprechen. Aber das gelingt nicht immer. Mancher Kommunionhelfer fürchtet sich davor, frei zu sprechen. Auf fertige Bausteine zurückzugreifen, ist nicht ehrenrührig – solange die Feier dennoch einen persönlichen Charakter hat. Ich hatte als Kommunionhelferin meistens auch eine Auswahl an Spruchkarten bei mir. Ich verwendete viel Zeit darauf, ansprechende Karten mit sinnvollen Texten auszusuchen und zu sammeln. Wenn es sich anbot, überreichte ich dem oder der Kranken bei der Verabschiedung eine dieser Karten.

Die äußeren Bedingungen sind in jedem Krankenhaus verschieden. Ich habe meine Erfahrungen aus einem Großklinikum geschildert – anderswo sehen die Abläufe sicher ganz anders aus. Auf jeden Fall ist der Dialog zwischen Krankenhausseelsorge und der Einrichtung, vor allem der Pflegedienstleitung, wichtig. So können Rahmenbedingungen auch verbessert werden. Es sollte selbstverständlich sein, dass sich Seelsorgerinnen und Seelsorger sowie Kommunionhelferinnen und -helfer im Stationszimmer anmelden, ehe sie ihre Runde beginnen. Das gibt ihnen die Gelegenheit, sich nach dem Allgemeinzustand des Kranken zu erkundigen, den sie besuchen wollen – sie können zum Beispiel fragen, ob der Patient schlucken kann –, und nach Besonderheiten im Zimmer. Es könnte ja sein, dass der Bettnachbar stets von Besuch umlagert ist! Die Anwesenden im Zimmer kann man zur Mitfeier einladen. Eventuell muss man Besucher aber auch bitten, den Raum für einige Augenblicke zu verlassen. Sinnvoll ist es, ein Schild an die Tür zu hängen (»In diesem Zimmer zurzeit Kommunionfeier«), damit der Ablauf der Feier nicht durch die Visite oder andere Unterbrechungen gestört wird. Ehrenamtliche Kommunionhelferinnen und -helfer sollten Bescheid wissen, welche Gesprächspartner sie dem Patienten nennen können, wenn er weiterführende Fragen und Anliegen hat (zum Beispiel die Krankenhausseelsorge, den Sozialdienst, die sogenannten Grünen Damen).

Danke, dass du an unserer Seite bist
Vor einer Operation

Kreuzzeichen

Gebet
Guter Gott,
wir rufen dich an in großer Sorge und Not.
Wird die bevorstehende Operation gelingen?
Wie wird es weitergehen?
Danke, dass du immer an unserer Seite bist!
Schenke uns deine Nähe
und hilf uns in aller Bedrängnis.

Kyrie
Unruhig ist mein Herz, bis es Ruhe findet in dir, mein Gott.
Gemeinsam: Herr, erbarme dich.

Du lässt dich finden und berühren,
und du berührst mich mit deiner heilenden Hand.
Gemeinsam: Christus, erbarme dich.

Komm in mein Leben, damit ich dich spüre!
Gemeinsam: Herr, erbarme dich.

Bitte um Vergebung
Gott, nimm mein Leben in deine Hände –
alles, was mir schon gelungen ist,
alles, was ich noch nicht vollenden konnte,
meine Erfolge, meine Fehler und Versäumnisse.
Wenn du deine Hand darauf legst, wird es gut.
Nimm alle Schuld von mir, von uns,
und lass uns diese Feier mit freiem Herzen begehen.

Schriftlesung: Römerbrief 8,31b–32.34b–35.38–39

Ist Gott für uns, wer ist dann gegen uns?

Er hat seinen eigenen Sohn nicht verschont, sondern ihn für uns alle hingegeben – wie sollte er uns mit ihm nicht alles schenken? Christus Jesus, der gestorben ist, mehr noch: der auferweckt worden ist, sitzt zur Rechten Gottes und tritt für uns ein.

Was kann uns scheiden von der Liebe Christi? Bedrängnis oder Not oder Verfolgung, Hunger oder Kälte, Gefahr oder Schwert?

Ich bin gewiss: Weder Tod noch Leben, weder Engel noch Mächte, weder Gegenwärtiges noch Zukünftiges, weder Gewalten der Höhe oder Tiefe noch irgendeine andere Kreatur können uns scheiden von der Liebe Gottes, die in Christus Jesus ist, unserem Herrn.

Wort des lebendigen Gottes.
Gemeinsam: Dank sei dir, o Herr.

Gedanken zum Text

Bedrängnis, Not, Gefahr … lange Zeit waren das Fremdworte, aber nun beschreiben sie die Gefühle, die uns in dieser Stunde bewegen. Da sind die Worte, mit denen der Apostel Paulus seinem Glauben Ausdruck gibt, tröstlich und zukunftweisend: Ist Gott für uns – wer kann dann gegen uns sein? Und dass ER für uns ist, dass ER uns zur Seite steht und uns auffängt, wenn wir fallen, das wissen wir, seit Jesus sich in ganz besonderer Weise der kranken, der von Sorgen geplagten und einsamen Menschen angenommen hat. Das wissen wir, seit er unser menschliches Schicksal bis in das Dunkel des Todes hinein geteilt hat.

Dieser Jesus, der gestorben ist und dennoch lebt, der ein für alle mal die Macht des Todes gebrochen hat, will unser Freund sein. Er tritt für uns ein, sagt Paulus; seine Liebe ist uns gewiss und wird uns tragen – auch in den schwärzesten Stunden! Ihm dürfen wir uns mit unseren Ängsten anvertrauen. Er hebt die Schmerzen, die bösen Ahnungen, die Unsicherheit, die Albträume nicht einfach auf, aber hilft uns, sie auszuhalten – weil er sie selbst durchlitten hat.

So können wir ihm die Not der Gegenwart und die Ungewissheit der Zukunft anvertrauen. An seiner Hand, in seiner Hand sind wir sicher und geborgen.

Vor einer Operation

Öffnen der Pyxis

Vaterunser
Wir wollen mit den Worten beten, die Jesus selbst uns gelehrt hat:

Kommunionvers
Herr, ich suche Zuflucht bei dir.
Wende dein Ohr mir zu, erlöse mich bald!
Sei mir ein schützender Fels,
eine feste Burg, die mich rettet.
Psalm 31,2a.3

Kommunionspendung

Dankgebet
Guter Gott, wir danken dir,
dass du uns deine Nähe schenkst.
Wir bitten dich:
Bewahre uns in aller Not
und lass uns teilhaben an der Lebensfülle,
die du deinen Kindern zugedacht hast.
Du kennst die Wege, die gut sind für uns,
und lenkst sie zu dem Ziel,
das du ihnen bestimmt hast.

Ehre sei dem Vater und dem Sohn und dem Heiligen Geist,
wie im Anfang, so auch jetzt und in Ewigkeit.

Segensbitte
Wir bitten dich, Herr, großer Gott:
Bewahre uns vor Unheil und Schaden,
hilf uns aus unseren Zweifeln,
öffne unsere Herzen füreinander
und lass uns erkennen, was uns zum Leben dient.

Das gewähre uns der mächtige Gott:
der Vater und der Sohn und der Heilige Geist.

Du hältst mein Los in deinen Händen
In Ungewissheit

Begrüßung

Kreuzzeichen

Gebet
Herr und Gott,
du hast uns, du hast mir das Leben gegeben,
aber es ist nicht in allen Situationen leicht, »Ja« zu sagen.
Was wird noch alles auf mich zukommen?
Werde ich stark genug sein, es zu bestehen?
Sei an meiner Seite – was auch geschehen mag.
Dir vertraue ich mein Leben an.

Kyrie
Herr Jesus Christus, du willst unser Bruder sein,
aber wir nehmen dich oft gar nicht wahr,
weil du dich uns nicht aufdrängst.
Gemeinsam: Herr, erbarme dich.

Herr Jesus Christus, du hast in allem, was du getan hast,
Gottes Menschenfreundlichkeit bezeugt.
Und doch fällt es uns manchmal schwer, daran zu glauben.
Gemeinsam: Christus, erbarme dich.

Herr Jesus Christus,
du hast dich berühren lassen vom Leid der Menschen.
Du hast niemanden abgewiesen.
Du bist uns auch jetzt ganz nahe –
als Freund und Weggefährte.
Gemeinsam: Herr, erbarme dich.

Bitte um Vergebung

Gib uns Kraft, guter Gott, für die kommende Wegstrecke.
Du kannst heilen, was in unserem Leben nicht in Ordnung ist.
Vergib uns unsere Schuld und hilf uns, dir fest zu vertrauen.

Schriftlesung: Jesaja 55,6.8–13

Sucht den Herrn, solange er sich finden lässt, ruft ihn an, solange er nahe ist.
Meine Gedanken sind nicht eure Gedanken, und eure Wege sind nicht meine Wege – Spruch des Herrn. So hoch der Himmel über der Erde ist, so hoch erhaben sind meine Wege über eure Wege und meine Gedanken über eure Gedanken.

Denn wie der Regen und der Schnee vom Himmel fällt und nicht dorthin zurückkehrt, sondern die Erde tränkt und sie zum Keimen und Sprossen bringt, wie er dem Sämann Samen gibt und Brot zum Essen, so ist es auch mit dem Wort, das meinen Mund verlässt: Es kehrt nicht leer zu mir zurück, sondern bewirkt, was ich will, und erreicht all das, wozu ich es ausgesandt habe.

Voll Freude werdet ihr fortziehen, wohlbehalten kehrt ihr zurück. Berge und Hügel brechen bei eurem Anblick in Jubel aus, alle Bäume auf dem Feld klatschen Beifall. Statt Dornen wachsen Zypressen, statt Brennnesseln Myrten. Das geschieht zum Ruhm des Herrn als ein ewiges Zeichen, das niemals getilgt wird.

Wort des lebendigen Gottes.
Gemeinsam: Dank sei dir, o Herr.

Gedanken zum Text

»Meine Wege sind nicht eure Wege.« In dem Prophetenwort kommt zum Ausdruck, was wir Menschen immer wieder von Gott erfahren: Er ist keine berechenbare Größe in unserem Leben, wir können nicht über ihn verfügen und ihn auch nicht dazu zwingen, unseren Wünschen zu entsprechen.

Das ist sehr schwer zu akzeptieren. Wir haben doch Gott einen Platz in unserem Leben gegeben! Und wir geben uns viel Mühe, so zu leben, wie es ihm gefällt. Doch ausgerechnet dann, wenn wir ihn dringend brauchen, zieht er sich ins Schweigen zurück. Wir möchten verstehen, was er mit uns vorhat. Wir möchten den Sinn in allem Geschehen erkennen … Und jetzt lässt Gott uns auflaufen! Scheinbar. Denn das Prophetenwort, das uns ernüchtert und verunsichert, enthält zugleich auch eine Zusage, eine Verheißung: *Mein Wort bewirkt, was ich will* – sagt Gott den Menschen, die sich in ihrer Not und Verlassenheit an ihn wenden, und: *Ihr werdet wohlbehalten in das Land gelangen, das ich euch von Anfang an zugedacht habe. Auf eurem Weg habt ihr Dornen kennengelernt und Brennnesseln – die Mühe des Lebens, den Schmerz, die Enttäuschung, die Gefahr, die Angst vor dem bodenlosen Absturz. Aber ihr werdet erleben, dass statt Dornen Zypressen und statt Brennnesseln Myrten wachsen – an dem Ort, zu dem ich euch bringe, und zu der Zeit, die ich bestimmen werde.*

Mit den Verheißungen ist es so eine Sache. Sie verweisen uns auf die Zukunft. Alles nur leere Versprechungen – denken wir manchmal. Man will uns vertrösten, mit schönen Worten einlullen. In Wirklichkeit wird alles ganz anders sein. Hart, dunkel – vielleicht sogar aussichtslos.

Menschen haben immer so gedacht. Schauen wir auf die Geschichte Israels – es ist das Volk, aus dem Jesus stammte. Von wie viel Mutlosigkeit war diese Geschichte geprägt! Und seinen Freunden warf Jesus mehr als einmal Verzagtheit vor: »Warum habt ihr solche Angst, ihr Kleingläubigen?« (Matthäus 8,23). Dabei war er selbst gegen Ängste und Traurigkeit nicht gefeit. Die Evangelien berichten davon. Doch am Ende siegte sein Glaube. »Sucht den Herrn, solange er sich finden lässt.« Es ist nicht leicht, beharrlich zu bleiben, wenn Gott nicht so antwortet, wie wir es erwarten, und ihn immer wieder um Hilfe anzurufen – denn wir brauchen Hilfe und Stärkung. Vertrauen wir fest darauf, dass Gott sich finden lässt! Wir werden wohlbehalten bei ihm ankommen, wann und wie er will.

Öffnen der Pyxis

Vaterunser
Jesus hat uns gelehrt, den Vater um alles zu bitten, was wir für unser Leben brauchen. So sprechen wir: Vater unser …

Kommunionvers

Du, Herr, gibst mir das Erbe und reichst mir den Becher,
du hältst mein Los in deinen Händen.

Psalm 16,5

Kommunionspendung

Dankgebet

Ich preise den Herrn, der mich beraten hat.
Auch mahnt mich mein Herz in der Nacht.
Ich habe den Herrn beständig vor Augen.
Er steht mir zur Rechten, ich wanke nicht.
Darum freut sich mein Herz und frohlockt meine Seele;
auch mein Leib wird wohnen in Sicherheit.
Denn du gibst mich nicht der Unterwelt preis;
du lässt deinen Frommen das Grab nicht schauen.
Du zeigst mir den Pfad zum Leben.
Vor deinem Angesicht herrscht Freude in Fülle,
zu deiner Rechten Wonne für alle Zeit.

Psalm 16,7–11

Ehre sei dem Vater und dem Sohn
und dem Heiligen Geist,
wie im Anfang, so auch jetzt und allezeit
und in Ewigkeit.

Segensbitte

Wir wollen Gott, den Herrn des Lebens, bitten:
Schenke uns den Mut des Glaubens.
Lass uns hoffen – sogar gegen alle Hoffnung –
und die Liebe guter Menschen erfahren.
Hilf uns, unsere Hand auszustrecken,
damit wir Jesus an unserer Seite spüren!

Das gewähre uns der gütige Gott:
der Vater und der Sohn und der Heilige Geist.

Steh mir bei in meinen Ängsten
Nach einer folgenschweren Diagnose

Kreuzzeichen

Gebet
Herr, mein Gott,
mir fällt es schwer, Worte zu finden.
Ich fühle mich leer.
Was gestern wichtig war, gilt nicht mehr.
Was morgen sein wird, ist ungewiss.
Wie viel Kraft werde ich brauchen?
Wirst du mir weiterhin nahe sein?
Hilf mir, den Weg zu gehen,
den du mir zumutest!

Kyrie
Herr, du kennst mich ganz –
mit meinen enttäuschten Träumen und Hoffnungen,
meinen Zweifeln, meiner Angst und Sprachlosigkeit.
Gemeinsam: Kyrie eleison.

Jesus, du nimmst deine Hand nicht von mir,
auch wenn ich sie nicht immer spüre
oder sogar zurückstoße.
Gemeinsam: Christe eleison.

Herr, mein Gott, ich weiß,
dass du mein Leben in deiner Hand hältst –
auch wenn ich jetzt vor allem seine Zerbrechlichkeit sehe.
Gemeinsam: Kyrie eleison.

Bitte um Vergebung

Verzeih mir, wenn ich in der Vergangenheit unfähig war
zu sehen, worauf es ankommt.
Verzeih mir, wenn ich mich verzettelt habe im Alltagsgeschäft,
wenn ich Begegnungen aufgeschoben habe
und Wege der Versöhnung nicht gegangen bin.
Lass nicht zu, dass meine Ängste mich jetzt überwältigen.
Du willst mich stärken und aufrichten.
Gib mir den Mut zu glauben.

Schriftlesung: Psalm 42,2–6.8–12

Wie der Hirsch lechzt nach frischem Wasser,
so lechzt meine Seele, Gott, nach dir.
Meine Seele dürstet nach Gott,
nach dem lebendigen Gott.
Wann darf ich kommen und Gottes Antlitz schauen?
Tränen waren mein Brot bei Tag und bei Nacht;
denn man sagt zu mir den ganzen Tag:
»Wo ist nun dein Gott?«

Das Herz geht mir über, wenn ich daran denke:
wie ich zum Haus Gottes zog in festlicher Schar,
mit Jubel und Dank in feiernder Menge.
Meine Seele, warum bist du betrübt
und bist so unruhig in mir?
Harre auf Gott; denn ich werde ihm noch danken,
meinem Gott und Retter, auf den ich schaue.

Flut ruft der Flut zu beim Tosen deiner Wasser,
all deine Wellen und Wogen gehen über mich hin.

Bei Tag schenke der Herr seine Huld;
ich singe ihm nachts und flehe zum Gott meines Lebens.
Ich sage zu Gott, meinem Fels:
»Warum hast du mich vergessen?
Warum muss ich trauernd umhergehen,
von meinem Feind bedrängt?«

Wie ein Stechen in meinen Gliedern
ist für mich der Hohn der Bedränger; denn sie rufen mir ständig zu:
»Wo ist nun dein Gott?«

Meine Seele, warum bist du betrübt und bist so unruhig in mir?
Harre auf Gott; denn ich werde ihm noch danken,
meinem Gott und Retter, auf den ich schaue.

Wort des lebendigen Gottes.
Gemeinsam: Dank sei dir, o Herr.

Gedanken zum Text

Tosendes Wasser – eine Flut, in der ich zu ertrinken drohe: ein Bild
für die Not und Bedrängnis, in die Menschen geraten können durch
einen großen Schmerz, eine Enttäuschung, einen Verlust – oder eine
Diagnose, wie Sie sie erfahren mussten. »All deine Wellen und Wogen gehen über mich hin.« Ist das jetzt das Ende? Bekomme ich noch
eine Chance – oder belüge ich mich selbst? Lohnt es sich, den Kampf
aufzunehmen?

   »Wo ist nun dein Gott?« Keiner hat diese Frage bisher ausge-
sprochen, doch Ihnen mag sie durch den Kopf gehen. Solange das
Leben schön und leicht war, gab es die Frage nicht. Gott schien
mächtig, unverrückbar wie ein Fels. Und manchmal weit weg! Wird
sein Bild nun ganz und gar verschwimmen – oder neue Konturen
gewinnen?

   »Harre auf Gott; denn ich werde ihm noch danken, meinem Gott
und Retter, auf den ich schaue.« Dankbarkeit liegt Ihnen im Augenblick wahrscheinlich fern. »Harre auf Gott!« Sie mögen sich gegen diesen Rat wehren. Ist Gott nicht nur eine trügerische Hoffnung? Die
Wogen der Verzweiflung sind so gewaltig – ob Gott Ihren Hilfeschrei
in dem Brausen und Toben der Brandung überhaupt hören wird?

   Lassen Sie nicht ab, Gott anzurufen! In der Nacht und am Tag –
wenn es Ihnen den Boden unter den Füßen wegzieht, wenn Sie keine Luft mehr bekommen, in jeder Lebenslage, wenn Sie müde sind
und aufgeben wollen, wenn Sie von Menschen umgeben und doch
allein sind …! Sie brauchen Kraft, und Gott will Ihnen diese Kraft
geben. Er ist der Einzige, der die Macht dazu hat.

Nach einer folgenschweren Diagnose

Öffnen der Pyxis

Vaterunser
Sprechen wir miteinander das Gebet, das Jesus uns geschenkt hat:
Vater unser …

Kommunionvers
Gewaltiger als das Tosen vieler Wasser,
gewaltiger als die Brandung des Meeres
ist der Herr in der Höhe.
Psalm 93,4

Kommunionspendung

Gebet
Herr und Gott,
es ist gut, dass ich mit dem Brot des Lebens gestärkt wurde –
denn ich brauche Lebenskraft.
Ich danke dir für jedes Wort, an dem ich mich festhalten,
für jede Hand, auf die ich mich stützen kann.
Gib mir die Bereitschaft, Hilfe anzunehmen,
und höre mich, wenn ich zu dir rufe.

Segensbitte
Sei bei mir in meinen Ängsten.
Sei vor mir, wenn ich den Weg ins Ungewisse beschreite.
Sei neben mir, wenn ich mich vor dem Weitergehen fürchte.
Sei unter mir, wenn ich strauchle.
Sei über mir, um mich zu segnen an jedem neuen Tag.

Darum bitte ich dich, du Gott des Lebens:
Du – Vater, Sohn und Heiliger Geist.

Du bist mir Trost und Halt
Vor dem Umzug in ein Pflegeheim

Kreuzzeichen

Gebet
Guter Gott,
ich fürchte mich vor dem, was morgen sein wird.
Ich trauere um das, was ich aufgeben muss,
meine vertrauten vier Wände,
meine Unabhängigkeit.
Hilf mir, mich an diesem Wendepunkt meines Lebens
zurechtzufinden.
Gib mir Kraft, damit ich mich nicht verliere.

Kyrie
Herr, mit meiner Ratlosigkeit komme ich zu dir.
Du weißt, was gut für mich ist –
aber ich kann es nicht immer erkennen.
Gemeinsam: Herr, erbarme dich.

Christus, Du willst den Weg mit mir gehen,
so wie du es schon oft getan hast –
doch ich merke es manchmal gar nicht.
Gemeinsam: Christus, erbarme dich.

Herr, ich fühle mich allein gelassen.
Dabei sorgen so viele Menschen gut für mich.
Nicht immer gelingt es mir, das zu würdigen!
Gemeinsam: Herr, erbarme dich.

Alle Ratlosigkeit, alle Einsamkeit, unsere Verwirrung und Angst
bringen wir vor dich, großer Gott. Nimm sie in deine Hände. Stärke

uns, wenn wir mutlos sind. Richte uns auf, wenn wir keine Hoffnung mehr haben. Lass nicht zu, dass wir uns in uns selbst vergraben – und so hilf uns, diese Feier mit freiem Herzen zu begehen. Amen.

Schriftlesung: Psalm 23,1–4
Der Herr ist mein Hirte,
nichts wird mir fehlen.

Er lässt mich lagern auf grünen Auen
und führt mich zum Ruheplatz am Wasser.

Er stillt mein Verlangen;
er leitet mich auf rechten Pfaden,
treu seinem Namen.

Muss ich auch wandern in finsterer Schlucht,
ich fürchte kein Unheil;

denn du bist bei mir,
dein Stock und dein Stab geben mir Zuversicht.

Wort des lebendigen Gottes.
Gemeinsam: Dank sei dir, o Herr.

Gedanken zum Text
In diesen Tagen überwiegen Unsicherheit und Furcht, wie es denn wohl weitergehen wird … Da klingen die Worte des 23. Psalms tröstlich in den Ohren: »Der Herr ist mein Hirte, nichts wird mir fehlen!« Er weiß, was ich brauche. Er sorgt für mich – so wie es gut ist für mich.

Sie, liebe(r) NN., fragen sich gewiss, ob Sie sich wohlfühlen werden in der neuen Umgebung, ob Sie noch einmal Wurzeln schlagen können … Die Psalmverse bringen das tiefe Vertrauen zum Ausdruck, dass Gott unsere Wege lenkt, dass er uns an gute Orte führt und uns auffängt, wenn es uns ganz schlecht geht. Manchmal haben wir das Gefühl, durch eine »finstere Schlucht« hindurchzumüssen. Gott lässt uns auch auf den Durststrecken unseres Lebens nicht allein.

Öffnen der Pyxis

Vaterunser
Gott gibt uns alles, was wir zum Leben brauchen – jeden Tag.
Gewiss fällt es uns manchmal schwer zu sagen:
»Dein Wille geschehe!«
Aber wir dürfen darauf vertrauen, dass ER unser Bestes will und
uns niemals im Stich lässt.
Beten wir, wie Jesus selbst gebetet hat: Vater unser …

Kommunionvers
Jesus sagt:
Euer Herz lasse sich nicht verwirren.
Glaubt an Gott, und glaubt an mich!
Johannes 14,1

Kommunionspendung

Dankgebet
Wenn mich mein Weg
durch Leiden zwingt,
verloren gebe ich mich nicht,
denn du bist mir Trost und Halt,
auf den ich mich verlassen kann.
Du holst mich
aus meiner Einsamkeit,
inmitten lähmender Bedrohung
lädst du mich ein zum Fest
des Lebens.
Quelle unbekannt

Zur Segensbitte kann die Hand auf die Stirn gelegt werden.

Segensbitte
Die behütende Fürsorge Gottes sei mit dir.
Lass dich finden von dem guten Hirten,
der jedes seiner Schafe mit Namen kennt,

Vor dem Umzug in ein Pflegeheim

der jedem Schaf nachgeht
und es auf seinen Armen trägt.

So segne dich,
so segne uns
der allmächtige Gott,
der Vater und der Sohn und der Heilige Geist.

Gegrüßet seist du, Maria

Steh auf und geh!
Nach einem glücklich überstandenen Eingriff

Kreuzzeichen

Gebet
Es waren schwere Tage:
Unsicherheit, Angst und Schmerzen mussten durchlebt werden.
Danke, guter Gott, dass du die Kraft dazu geschenkt hast!
Jetzt ist es Zeit, dir zu danken
und dich um deinen Beistand zu bitten
für die Wegstrecke, die vor uns liegt.

Kyrie
Meine Not ist dir vertraut:
Gemeinsam: Herr, erbarme dich.

Du hast mich aufgefangen, als ich schwach war:
Gemeinsam: Christus, erbarme dich.

Ich danke dir,
dass du mich trägst, und bitte dich:
Gemeinsam: Herr, erbarme dich.

Bitte um Vergebung
Herr, unser Gott:
Mache uns heil in einem umfassenden Sinn –
nicht nur den Leib, sondern auch die Seele.
Befreie uns von aller Schuld
in deiner großen Barmherzigkeit
und lass uns neue Menschen werden.
Darum bitten wir dich
durch Jesus, unseren Bruder und Herrn.

Schriftlesung: Lukas 17,11–14

Auf dem Weg nach Jerusalem zog Jesus durch das Grenzgebiet von Samarien und Galiläa. Als er in ein Dorf hineingehen wollte, kamen ihm zehn Aussätzige entgegen. Sie blieben in der Ferne stehen und riefen: Jesus, Meister, hab Erbarmen mit uns! Als er sie sah, sagte er zu ihnen: Geht, zeigt euch den Priestern! Und während sie zu den Priestern gingen, wurden sie rein. Einer von ihnen aber kehrte um, als er sah, dass er geheilt war; und er lobte Gott mit lauter Stimme. Er warf sich vor den Füßen Jesu zu Boden und dankte ihm. Dieser Mann war aus Samarien. Da sagte Jesus: Es sind doch alle zehn rein geworden. Wo sind die übrigen neun? Ist denn keiner umgekehrt, um Gott zu ehren, außer diesem Fremden? Und er sagte zu ihm: Steh auf und geh! Dein Glaube hat dir geholfen.

Evangelium unseres Herrn Jesus Christus.
Gemeinsam: Lob sei dir, Christus.

Gedanken zum Text

»Steh auf und geh!« Ich denke mir, dass dieses Wort Jesu Sie, liebe(r) NN., ins Herz getroffen hat. Zwar sind die Schatten der Krankheit noch nicht völlig verschwunden. Aber Sie wissen, das Schlimmste ist geschafft. Sie haben Grund zur Hoffnung. Sie werden sich erholen. Vielleicht werden Sie manches nun mit neuen Augen ansehen, es wird Ihnen kostbarer vorkommen...! Mag sein, dass Sie jetzt Dinge in Angriff nehmen, die Sie schon immer tun wollten. Nur Mut! Eine Zeit lang mussten Sie sich anderen, fremden Händen überlassen, und das war nicht leicht. Sie haben aber auch erfahren, dass Menschen für Sie da waren und dass Gott Sie getragen hat.

Die Geschichte, die wir gehört haben, handelt von zehn Kranken, die Jesus um Hilfe baten. Aussatz war damals ein furchtbares Schicksal. Wer an dieser Krankheit litt, war zu einem Leben außerhalb der Gesellschaft verurteilt. Eine Chance auf Heilung gab es nicht. Und nun geschieht das Unfassbare: Der Aussatz verschwindet. Alle zehn Männer sind geheilt. Aber nur einer von ihnen, ein Samariter – also kein »Rechtgläubiger« in den Augen der Juden – kommt auf das Naheliegende: Er bedankt sich bei Jesus und gibt Gott die Ehre, in dessen Namen und Auftrag Jesus gehandelt hat!

Man sagt: Not lehrt beten. Wir wenden uns viel eher dann an Gott, wenn es uns schlecht geht, als in guten Zeiten. Dabei hätten wir so viel Grund zu Dank und Lob!

Sie, liebe(r) NN., sind jetzt erleichtert, gelöst und ganz sicher von tiefer Dankbarkeit erfüllt. Gemeinsam wollen wir Gott für alles danken, was er in dieser Krise und in früheren Zeiten für Sie getan hat, für das Gute, das er uns zugedacht hat, und die liebevolle Fürsorge, die er uns immer wieder erweist.

Öffnen der Pyxis

Vaterunser
»Geheiligt werde dein Name.« Heute können wir das aus tiefstem Herzen sagen.
Sprechen wir das Gebet, das Jesus selbst uns geschenkt hat: Vater unser …

Kommunionvers
Kostet und seht,
wie gut der Herr ist.

Kommunionspendung

Dankgebet
Gott des Heiles!
Du weißt, wie gern ich wieder ganz gesund werden möchte.
Gib mir Geduld, wenn die Genesung länger dauert, als ich dachte.
Gib mir Mut, wenn ich von meinen eigenen Fortschritten enttäuscht bin.
Gib mir Kraft mitzuhelfen und lass mich positiv denken,
auch wenn es Durststrecken zu überwinden gibt.

Danke, Gott, für alle Menschen, die mir geholfen haben und weiterhin helfen.
Danke für die Bemühungen der Ärzte und Pflegekräfte.
Danke für die Menschen, die mit mir gehofft und gebetet haben.
Danke für jeden Lichtblick in diesen Tagen.

Nach einem glücklich überstandenen Eingriff

Danke, dass du mich mit deiner Wärme umgibst
und mir Zukunft schenkst.

Ehre sei dem Vater und dem Sohn
und dem Heiligen Geist,
wie es war im Anfang, so auch jetzt und allezeit
und in Ewigkeit.

Segensbitte

Gott, der uns das Leben schenkt und der uns bewahrt in Not und
Krankheit, segne uns.
Die Liebe, mit der Jesus alle Menschen geliebt hat, vor allem die
Leidenden und Kranken, erfülle uns.
Der gute Geist Gottes begleite uns allezeit.

Das schenke uns der dreieine Gott:
der Vater und der Sohn und der Heilige Geist.

V
STÄRKUNG FÜR DEN WEG

Kommunionfeier mit Schwerkranken und Menschen in der letzten Lebensphase

Sowohl zu Hause als auch im Altenheim oder Krankenhaus und erst recht im Hospiz begegnen Seelsorger/-innen und Ehrenamtliche Menschen, die sich auf das Sterben vorbereiten. Manchmal gleitet ein Mensch, der schon lange durch Krankheit oder Alter an das Haus gebunden war und dort regelmäßig die Krankenkommunion empfangen hat, fast unmerklich in die letzte Lebensphase hinein. Ein anderes Mal verschlimmert sich eine Erkrankung dramatisch, oder es wird »aus heiterem Himmel« eine Diagnose gestellt, die klarmacht, dass nur noch wenig Lebenszeit bleibt. Ein Herzinfarkt oder Schlaganfall, ein Autounfall kann einen Menschen plötzlich aus seinem Alltag reißen und mit der Endlichkeit seines Lebens konfrontieren. Die Situationen sind sehr vielfältig.

Wenn jemand über längere Zeit regelmäßig zu Hause besucht wurde, gewinnen die Kommunionfeiern eine neue Qualität, sobald sich sein Zustand verschlechtert. Der Ablauf bleibt vielleicht derselbe – er sollte sogar so weit wie möglich beibehalten werden, weil er dem Kranken vertraut ist –, es kann jedoch notwendig werden, die Elemente zu reduzieren und die Feier zu verkürzen, um den Kranken nicht zu überanstrengen. Und dennoch steht die Kommunionfeier nun mehr denn je »sub specie aeternitatis« (Baruch de Spinoza: »unter dem Gesichtspunkt der Ewigkeit«) – das mag der betroffenen Person und ihren Angehörigen bewusst sein oder auch nicht, der Zelebrant oder die Kommunionhelferin weiß es und hat es bei der Vorbereitung, der Auswahl der Elemente und Worte, sicherlich im Blick.

Oft fällt es Kranken schwer, über ihren Zustand zu sprechen, obwohl sie ihn kennen. Dennoch möchten sie, dass es nicht bei einem unverfänglichen Gespräch über Alltäglichkeiten bleibt, sondern hoffen, dass die Kommunionhelferin oder der Seelsorger ihnen eine Tür öffnet. Für manchen Besucher keine einfache Aufgabe! Der Priester oder Diakon tut sich möglicherweise leichter als die ehrenamtliche Mitarbeiterin – einfach, weil er sich einer anderen Erwartungshaltung gegenübersieht als die Besucherin aus der Gemeinde. Es wird sozusagen als das Geschäft eines Geistlichen angesehen, dass er sich in den »letzten Dingen« auskennt und zu existenziellen Fragen Stellung nimmt. Ob es ihm immer gelingt, das zur rechten Zeit und in rechter Weise zu tun, das ist von seinem Charisma und oft genug vom Augenblick abhängig. Ehrenamtliche haben dagegen den Vorteil, dass sie dem Kranken eher »auf Augenhöhe« begegnen können; es fällt ihnen manchmal leichter als dem Priester, Nähe aufzubauen, gerade weil sie nicht als »Amtspersonen« wahrgenommen werden. Früher bezeichnete man das Sakrament der Krankensalbung und die daran anschließende Kommunion als »Viaticum« – als Stärkung für den Weg. Für viele Kranke hat der Begriff »Wegzehrung«, wie die zu Recht überholte Bezeichnung »Letzte Ölung« für das Sakrament der Krankensalbung lautet, allerdings einen negativen Beigeschmack. Deshalb benutze ich den im Grunde sehr schönen Begriff »Viaticum« nicht im Gespräch mit Betroffenen – aber mir selbst hilft er, die Bedeutung der Kommunionfeier mit Schwerkranken und Menschen in ihrer letzten Lebensphase zu erkennen.

Im Krankenhaus und vor allem im Hospiz treffen Seelsorger und ehrenamtliche Mitarbeiterinnen und Mitarbeiter oft genug, ja meistens auf Menschen, die ihnen bis dahin fremd waren. Manchmal gibt es nur wenige Begegnungen. Es ist nicht möglich, sich allmählich kennenzulernen. Jede Krankheit ist eine Krise, das heißt, eine Entscheidungssituation, und das gilt in besonderer Weise für die »Krankheit zum Tode«. Menschen in ihrer letzten Lebensphase seelsorglich zu begleiten, ist ein schwerer, aber unendlich wichtiger, ein lebensnotwendiger Dienst. Wir sollten nie vergessen, dass Sterben Teil des Lebens ist. Ehrenamtliche aus der Gemeinde sollten ihren Dienst als ein »Mitgehen« verstehen, wobei sie nicht die ganze Wegstrecke mit dem Sterbenden zurücklegen. Sie sind zu einem bestimmten Zeitpunkt bei ihm und mit ihm, sie halten mit ihm aus – nichts anderes besagt ja das Wort »Beistand« –, aber sie dürfen nicht von sich selbst erwarten, dass sie dem Sterbenden erschöpfende Antworten auf seine Fragen nach dem Warum und dem Wohin geben können. »Begleiten« – auch zeitweiliges Begleiten – bedeutet, die Ressourcen des Menschen selbst zu stärken. Es bedeutet: dem sterbenden Menschen und Gott zuzutrauen, dass *diese beiden* den Weg miteinander finden, und den Prozess behutsam zu unterstützen.

Die Kommunionfeier, ob zu Hause, im Krankenhaus oder im Hospiz, ist nicht nur eine liturgische Handlung, sondern – wie jeder Gottesdienst – Verkündigung und als Feier für einen kranken, in der Krise befindlichen Menschen ein Stück Diakonie: ein Liebesdienst. Nie sollte die Krise, die Angst, das Dunkel »weggeredet« werden. Es wäre falsch, der existenziellen Not des Menschen, der dem Tod entgegengeht, durch schöne Worte das Gewicht zu nehmen. Also gilt es bei der Vorbereitung und Gestaltung der Feier, die Worte auf die Goldwaage zu legen und die Gesten, die man benutzt, darauf zu überprüfen, ob sie wirklich mehr als nur schmückendes Beiwerk sind. Ich kann in einer solchen Situation nur das sagen, was ich wirklich meine – und wo ich keine Worte finde, ist es besser zu schweigen. Eine Berührung, ein Händedruck, ein Streichen über die Stirn kann dann viel mehr aussagen und bewirken als ein langes Gebet.

Dennoch haben ausgearbeitete Modelle für die Kommunionfeier auch in dieser besonderen Situation einen Sinn, weil sie Anhaltspunkte bieten, wie die Feier gestaltet werden kann – mehr allerdings auch nicht. Wie bei jedem »gewöhnlichen« Krankenbesuch muss ich so frei und flexibel sein, mich wenn nötig von meinen Vorgaben zu lösen.

Schwere oder lang andauernde Krankheit wird oft aus dem Blick der Gemeinde ausgeblendet. Man sieht die Kranken nicht, weil sie in ihrer Häuslichkeit bleiben, weil sie im Krankenhaus oder Pflegeheim sind; man begegnet vielleicht nicht einmal mehr den Angehörigen, da diese durch die Pflege ganz in Anspruch genommen sind und nicht am Gemeindegottesdienst teilnehmen können. Es mag zwar einmal im Jahr eine Krankenmesse in der Pfarrkirche mit Spendung der Krankensalbung geben – aber das ist gewöhnlich eine »Spezialveranstaltung« für diejenigen, die es angeht, das heißt für die Kranken und ihre Familienmitglieder. Die Gemeinde bekommt davon wenig mit. Auch die sonntägliche Fürbitte »für die Kranken und Sterbenden« wird gar nicht mehr bewusst wahrgenommen; sie gehört eben dazu, ist Routine. Den Hospizen in konfessioneller Trägerschaft ist zwar der Bezug zur Ortsgemeinde wichtig – so steht es zumindest in den Konzepten –, aber dieser Bezug ist schwer zu realisieren. Die Sterbenden und auch die in einem Hospiz Tätigen haben oft keine Gemeindebindung mehr. Und die Pfarrgemeinde, die sich für das Hospiz in ihrem Einzugsbereich mitverantwortlich fühlen sollte, ist meist mit ganz anderen Problemen und Aufgaben beschäftigt.

Kommunionhelferinnen und -helfer aus der Gemeinde fühlen sich häufig überfordert, wenn sie sterbenden Menschen gegenübertreten sollen. Die sogenannten Hospizhelferinnen und -helfer, das heißt Ehrenamtliche, die fest in einer solchen Einrichtung arbeiten, erfahren eine andere Schulung und intensivere Betreuung als – normalerweise – die Ehrenamtlichen der Gemeinde. Warum sollte es unmöglich sein, sich auszutauschen und von der Praxiserfahrung der jeweils anderen zu profitieren? Die Krankenhaus- und Hospizseelsorge ist heute pastoralpsychologisch fundiert; entsprechend sollten auch die ehrenamtlichen Mitarbeiterinnen und Mitarbeiter – ob sie nun das Hospiz oder an die Gemeinde »angebunden« sind – qualifiziert und kontinuierlich unterstützt werden. Besonders die ehrenamtlichen Beauftragten aus den Gemeinden vermissen eine solche Begleitung aber noch weitgehend. Auch hier könnte eine stärkere Vernetzung von Hospizen und Gemeinde hilfreich sein.

Neben den stationären Einrichtungen gibt es auch das »ambulante Hospiz«. Fachkräfte, zum Teil aber auch ehrenamtliche Hospizmitarbeiterinnen und -mitarbeiter besuchen die Kranken und ihre Angehörigen zu Hause, um ihnen mit Rat und Tat zur Seite zu stehen. Auch für den ambulanten Dienst gilt der Grundgedanke der Hospizarbeit, dass es nicht nur um Palliativmedizin geht, sondern um menschliche und spirituelle Begleitung. Vielleicht kommt es sogar vor, dass Hospizmitarbeiter/-innen und Ehrenamtliche aus der Gemeinde, der Ortspfarrer oder die Kommunionhelferin in einer solchen Situation aufeinandertreffen? Dann wäre es gut, wenn sie einander nicht als »Konkurrenz« ansehen, sondern sich vielmehr gegenseitig bestärken und unterstützen könnten – zum Wohl des kranken Menschen und seiner Angehörigen.

Schenk deinen Trost und nimm mich auf in Frieden

Im Krankenhaus

Dieses Modell einer Kommunionfeier ist erwachsen aus einer meiner Erfahrungen als Krankenhausseelsorgerin – nämlich aus der Begegnung mit einer 70-jährigen Kranken und mehreren Gesprächen nach der Mitteilung der Diagnose:»Magenkrebs in inoperablem Zustand, Metastasenbildung«. Körperlich ist die Patientin geschwächt, aber geistig ist sie wach. Sie ist gläubig; sie hat ihre jetzige Situation – die Endlichkeit ihres Lebens, das Angekommen-Sein in der letzten Lebensphase – klar vor Augen; sie will sich bewusst und gestärkt auf ihr Sterben vorbereiten. Trotz einiger schwerer Lebenserfahrungen schaut sie dankbar auf ihr Leben und ist traurig um den Abschied, den sie nehmen muss.

So begehen wir in der Woche die Feier der Krankensalbung. Am Sonntag danach bringe ich ihr die Kommunion ins Patientenzimmer des Krankenhauses.

In einem Holzkasten habe ich, wenn ich die Krankenkommunion bringe, Kreuz, Kerze, Korporale und die Patene, Gebetstexte, Bibel sowie ein Gotteslob. Wenn möglich, wird der Platz bereits durch die Pflegekräfte mit weißem Tuch und Kerze vorbereitet.

Eröffnung

Ausgestreckt am Kreuz verbindet Jesus Himmel und Erde und umfasst die Menschen und den Erdkreis. Auch wir sind mit hineingenommen in diese Verbindung, wenn wir nun mit dem *Kreuzzeichen* beginnen: Im Namen des Vaters ...

Jesus selbst hat uns zugesagt: »Wo zwei oder drei in meinem Namen versammelt sind, da bin ich mitten unter ihnen« – und so vertrauen wir darauf, dass er jetzt bei uns ist im Wort und im Brot.

Wir bereiten den (Nacht-)*Tisch* mit diesen Zeichen *(Kreuz, Kerze, Patene, Schrifttext)* und mit einem Zeichen, das Ihnen wichtig und wertvoll ist. *(Die Patientin hat die kleine Figur eines Engels bei sich.)*

Kyrie

Halten wir inne und rufen wir um Gottes Trost und Erbarmen:
Trost schenkst du den Menschen, die sich dir anvertrauen.
Gemeinsam: Herr, erbarme dich.

Zuversicht schenkst du denjenigen, die sich mit dir verbinden.
Gemeinsam: Herr, erbarme dich.

Frieden gibst du denen, die dich suchen
Gemeinsam: Herr, erbarme dich.

Hinführung zum Schrifttext

Auch Jesus ist den Weg eines jeden Menschen gegangen, er kennt die
Erfahrung von Versuchung, Not, Zweifel, Leid – so berichten es die
Evangelien. Zugleich ist er als Gottes Sohn durch sein Leiden, Sterben und Auferstehen das Leben für die Menschen geworden. Er
weiß, was in Menschen vorgeht, die sich verabschieden, aber auch,
was diejenigen brauchen, die mit diesem Abschied leben müssen.
So drücken es auch die Trost-Worte in den Abschiedsreden Jesu aus.

Schriftlesung

Jesus spricht zu den Menschen: »Jetzt ist meine Seele erschüttert. Was
soll ich sagen: Vater, rette mich aus dieser Stunde? *(Johannes 12,27a)*

Später sagt er: »Euer Herz lasse sich nicht verwirren. Glaubt an Gott
und glaubt an mich! Im Haus meines Vaters gibt es viele Wohnungen. Wenn es nicht so wäre, hätte ich euch dann gesagt: Ich gehe, um
einen Platz für euch vorzubereiten? Wenn ich gegangen bin und
einen Platz für euch vorbereitet habe, komme ich wieder und werde
euch zu mir holen, damit auch ihr dort seid, wo ich bin.« *(Johannes
14,1–4)*

»Und ich werde den Vater bitten, und er wird euch einen anderen
Beistand geben, der für immer bei euch bleiben soll. ... Frieden hin-
terlasse ich euch, meinen Frieden gebe ich euch; nicht einen Frieden,
wie die Welt ihn gibt, gebe ich euch. Euer Herz beunruhige sich nicht
und verzage nicht.« *(Johannes 14,16.27)*

V   Kommunionfeier mit Schwerkranken und Menschen in der letzten Lebensphase

Evangelium unseres Herrn, Jesus Christus.
Gemeinsam: Lob sei dir, Christus.

– Kurze Stille –

Fürbitten
Du Gott des Lebens:
Jeden von uns hast du mit Namen gerufen.
Du bist mit uns auf dem Weg in dein Reich,
wo kein Schmerz und Leid bedrängt, wo Friede herrscht.
Du kennst uns, unsere Fragen und Gedanken,
und so wollen wir nun Bitte und Dank vor dich tragen:
– Lass deine Nähe und deinen Trost spüren, wenn die eigene Kraft
nachlässt.
Wir bitten dich, erhöre uns.
– Schicke Menschen als Begleiter, die bereit sind, diesen Weg mit-
zugehen und auszuhalten.
Wir bitten dich, erhöre uns.
– Schenke inneren Frieden.
Wir bitten dich, erhöre uns.
Sprechen wir in Stille aus, was uns bewegt …

Vaterunser
»Dein Reich komme«, dein Reich, wo die Tränen getrocknet werden
und Frieden erfahrbar wird – so beten wir im Vaterunser. In dieser
Zuversicht sprechen wir das Gebet, das Jesus selbst uns zu beten
gelehrt hat: Vater unser …

Kommunion
Sieh das Lamm Gottes, Jesus, das Brot des Lebens: Es schenke Kraft
und Zuversicht auf dem Weg im Leben und besonders jetzt in den
Tagen der Krankheit.
Gemeinsam: Herr, ich bin nicht würdig, dass du eingehst unter mein
Dach, aber sprich nur ein Wort, so wird meine Seele gesund.

Kommunionspendung

Im Krankenhaus

Danksagung
Wir danken für die Stärkung auf dem Weg und beten:

Sprich du das Wort, das mir Befreiung gibt,
schenk deinen Trost und nimm mich auf in Frieden.
Tu auf die Welt, die ohne Ende ist,
und alle Liebe sei dem Sohn beschieden.
Sei heute du mein Brot, so wahr du lebst.
Du selber bist der Atem meiner Lieder.
Huub Oosterhuis, neue Übersetzung des Liedes GL 621,3

Segensbitte
Gott –»Vater und Mutter und mehr, viel mehr«[1] –,
segne und behüte uns und lass dein Angesicht leuchten!

Gott sei Licht, Trost und Heil für Sie,
für alle Kranken und für alle, die sich sorgen:
die Familie, Angehörige, Freunde,
aber auch die Pflegenden und Ärzte in diesem Haus.

Gott, bleibe bei uns heute und alle Tagen unseres Lebens:
Du – Gott, der Vater, der Sohn und der Heilige Geist.

Lied
Im Frieden dein, GL 473 (gesungen oder gesprochen)

---

1 Nach einer Formulierung von Johannes Paul I.

V Kommunionfeier mit Schwerkranken und Menschen in der letzten Lebensphase

Gott schenke seine Nähe
Kommunionfeiern im Hospiz
Ida Lamp

Hospize sind wohnlich gestaltete stationäre Einrichtungen zur Pflege und Begleitung von Menschen, deren Lebenstage gezählt sind. Die durchschnittliche Verweildauer der »Bewohner« beträgt manchmal nur zwei Wochen; sehr selten leben Menschen mehrere Monate in einem Hospiz.

So klein die meisten stationären Hospize auch sind (die meisten haben zwischen sechs und 16 Zimmern): Fast alle verfügen über einen eigenen »Raum der Stille«, der im einen Fall eher eine Kapelle ist, im anderen Fall als ein Meditations- und Rückzugsraum oder aber als ein wohnlicher Lese- und Gesprächsraum für intime Gespräche mehr oder weniger »liturgisch« gestaltet ist. Die jeweilige Gestaltung hängt an dem Gesamtkonzept und der Trägerschaft eines Hauses.

In einigen Hospizen gibt es einen hauptamtlich angestellten Hospizseelsorger. Konzeptionell dürften unabhängig von räumlicher und personeller Ausstattung dennoch alle Hospize das Ziel haben, spirituelle Bedürfnisse der Bewohnerinnen und Bewohner wahrzunehmen und zum Beispiel deren Verbindung mit ihren Herkunftsgemeinden aufrechtzuerhalten oder auf Wunsch zu knüpfen.

Aus diesen einleitenden Bemerkungen ergeben sich wichtige Anforderungen an die Gestaltung von Kommunionfeiern:

Um sich in der Begegnung mit schwerkranken, unter belastenden Symptomen (wie Schmerzen, Übelkeit und Erbrechen, offenen
Tumoren) leidenden Menschen nicht zu überfordern, ist es für Kommunionhelferinnen und -helfer sinnvoll, einen hospizlichen Vorbe-
reitungskurs zu absolvieren. In solchen Kursen kann man sich in
geschütztem Rahmen mit Krankheit, Ekel, Betroffenheit und Scham
auseinandersetzen. Hospizliche Kommunionhelferinnen und -hel-
fer sollten außerdem Gruppen bilden und als Gruppe begleitet werden, um sich über ihre Erfahrungen austauschen und sich so entlas-
ten zu können.

Hospizliche Kommunionhelfer und -helferinnen werden den
meisten Menschen, die sie besuchen, vielleicht nur ein-, zweimal
begegnen.

Es ist wünschenswert, dass umliegende Kirchengemeinden Kontakt zum Hospiz halten – unabhängig von dessen konfessioneller
(oder nicht-konfessioneller) Ausrichtung, und dass sich Menschen
aus den Gemeinden bereit erklären, auch Kommunionfeiern im
Hospiz zu gestalten. Es ist gut, dem Hospiz Ansprechpartnerinnen
und Ansprechpartner zu benennen. Am besten haben die Ehrenamtlichen Visitenkarten oder einen Zettel mit den Adressen bei sich.
Es ist gut, sich regelmäßig zu erkundigen, ob jemand aus der eigenen
Gemeinde im Hospiz lebt. Bestimmungen zum Datenschutz können die Beschaffung dieser Informationen erschweren, aber es findet sich gewiss ein Weg – denn es geht um eine Kultur des Aufein-
anderzugehens.

Es ist gut vorstellbar, dass sich Kommunionhelferinnen und -hel-
fer finden, die zum Beispiel regelmäßig für alle Bewohner und deren
Angehörige/Besucher offene Kommunionfeiern im »Raum der Stille« anbieten – auf jeden Fall dann, wenn keine katholische Seelsorgerin bzw. kein Seelsorger im Hospiz tätig ist.

Das Angebot, Kommunionfeiern im Bewohnerzimmer oder im
Raum der Stille zu gestalten, sollte im Hospiz bekannt sein und auch
durch ein kleines Faltblatt veröffentlicht werden: allgemeinver-
ständlich (das heißt, auch für nicht-christliches Personal verständlich) und einladend.

Mobile Patienten oder auch Angehörige (manchmal unabhängig
von ihrem kranken Angehörigen) kann man gut dazu bewegen, in

einen eigenen Raum zu kommen. Diesen »Ortswechsel« in den Raum, in dem schon viele vorher gebetet haben, erleben sie dann auch im Nachhinein häufig als entlastend. Ein Raum »bereitet« zum Gebet.

Die besondere Situation von Palliativpatienten muss immer mitbedacht werden: Das bedeutet, dass Kommunionhelferinnen und -helfer für Feiern mit einzelnen Kranken in deren Zimmer zeitnahe Absprachen mit dem Pflegepersonal darüber treffen müssen, wie es dem Patienten geht und was jeweils möglich ist. Kommunionfeiern im Hospiz erfordern eine hohe Flexibilität vom Kommunionhelfer: Vielleicht muss ich eine Feier mit einem Angehörigen halten, während der Mensch im Bett bereits bewusstlos ist. Vielleicht wollten die Angehörigen die Kommunionfeier, und der Patient hat nur Angst, dass sie als »Wegzehrung« sein »letztes Stündchen« anzeigt. Vielleicht habe ich selbst Sterben im Kopf, aber es geht ganz munter und lebensvoll zu. Oder umgekehrt: Dem Patienten geht es so schlecht, dass ich nicht bei meinem Konzept bleiben kann. Aus solchen Andeutungen wird sicher auch deutlich, dass es gut ist, wenn vor der eigentlichen Kommunionfeier ein Besuch stattfindet, um den Erkrankten und seine Angehörigen kennenzulernen und Absprachen zu treffen. Wenn mehrere Personen dabei sind, dann habe ich selbstverständlich mehrere Hostien in der Pyxis. In jedem Fall ist unmittelbar vor der Kommunionfeier eine Rückfrage bei den Pflegenden erforderlich, weil sich die Situation eines Hospizbewohners rasch verändern kann. Dann weiß ich als Kommunionhelferin, welche Situation ich antreffe und ob ich eine Hostie in sehr kleine Stückchen brechen muss – oder ob ich später kommen sollte und eventuell aus der Liturgie einen Schluck Wein mitbringen muss.

Die Lebensgeschichte des Erkrankten und seine aktuelle Situation bestimmen die Gestalt der Feier: Manchmal möchte jemand noch einmal freudig Dank sagen für sein Leben und seine Lieben. Da wäre es seltsam, wenn ich Trauer über den bevorstehenden Abschied thematisiere. Manchmal war jemand schon sehr, sehr lange nicht mehr in einem Gottesdienst; dann bin ich die Brücke zu den alten, nicht mehr gewussten Formen. Es gilt, Anknüpfungspunkte zu finden im Alltag der Menschen, mit denen wir es zu tun haben.

Im Folgenden einige konkrete Vorschläge:

Berg-Fest

»Mein Mann ist katholisch«, sagt seine Ehefrau zur Pflegekraft, »er will noch einmal die Kommunion empfangen. Aber zu unserem Pfarrer und zu unserer Gemeinde haben wir keinen Kontakt mehr.« Die Pflegekraft bittet nun eine Kommunionhelferin, zu kommen. Diese tritt in Kontakt mit dem Ehepaar und stellt sich als Gemeindemitglied vor, das zur Kommunionausteilung beauftragt ist. Im Gespräch »über Gott und die Welt« stellt sich heraus, dass der Mann die Berge sehr geliebt hat. Am Ende des ersten Besuches verabschiedet sich die Kommunionhelferin und vereinbart einen weiteren Besuch, bei dem sie gemeinsam eine kleine Kommunionfeier gestalten wollen. Eine andere Möglichkeit ist es, Erstgespräch und Kommunionfeier an ein- und demselben Tag durchzuführen – Bewohner und Angehörige erwarten das manchmal, oder die Situation erfordert es, zum Beispiel weil jemand mitfeiern mag, der nur heute zu Besuch sein kann. Dann sollte die Kommunionhelferin keine Scheu haben, sich nach dem Erstkontakt ein oder zwei Stunden Zeit zur Vorbereitung zu erbitten. Die Kommunionhelferin klärt in jedem Fall vor der Feier, ob sonst noch jemand aus der Familie oder von den Freunden teilnehmen möchte und ob es eine ehrenamtliche Begleitung gibt, die vielleicht dabei sein sollte. Gut ist es auch, abzusprechen, wo man feiert und wie der Raum gestaltet sein soll, bzw. dass man gemeinsam zu Beginn dafür sorgt: eine Kerze, ein Kreuz, ein schönes Tuch, auf dem das Kreuz und auch der Hostienteller stehen können, Taschentücher für den Fall des Falles, ein Glas Wasser für den Kranken, falls er Schluckbeschwerden hat...

Der Anknüpfungspunkt für die Kommunionfeier ist das Motiv Berg. In einer Konkordanz (die in jeder guten Gemeindebücherei erhältlich ist) finden sich schnell biblische Texte, die einen spirituellen Zusammenhang zu Berg-Erfahrungen herstellen. Auch die persönliche Assoziation hilft weiter: Aufstiege sind meist mühsam und schweißtreibend; oben angekommen genießt man Aussicht, man gewinnt Weitblick, man schaut zurück... Berge, das sind in allen Religionen die Orte der Götter bzw. der Begegnung mit Gott. Schnell ist so auch ein Psalm gefunden, der als Gebet dienen kann: »Ich hebe meine Augen auf zu den Bergen, woher kommt mir Hilfe...« (Psalm 121,1; s. S. 181).

V Kommunionfeier mit Schwerkranken und Menschen in der letzten Lebensphase

Vorsichtig und behutsam kann man vielleicht in der Liturgie den Prozess aufgreifen, der ansteht:
- Die Berge, die in der Urlaubszeit eine Freude waren, sind nun nicht mehr zu erklettern.
- Der Weg der Krankheit liegt wie ein großer Berg vor dem Patienten, seiner Familie, den Freunden. Einander sind sie Weggefährten. Einander geben sie von ihren Lebensvorräten.
- Wir dürfen hoffen, dass wir mit Gottes Hilfe »über den Berg kommen« – nicht im Gesundwerden, aber im Heilwerden, indem er selbst uns entgegenkommt und uns den steinigen Weg zu gehen hilft.

Und schon ist die Liturgie im Herzen fertig. Nun nicht vergessen, den Psalm und auch das Vaterunser als Kopie mitzubringen, damit alle mitbeten können – auch wenn sie schon lange nicht mehr an einem Gottesdienst teilgenommen haben. Außerdem hilft der Zettel in der Hand, sich festzuhalten, wenn einen die Rührung übermannt.

Gebet

Gott sende uns einen Engel, damit wir unseren Weg finden zum Leben.

Gott, wir warten auf dich,
schauen sehnsuchtsvoll aus wie der Wanderer, der die Bergspitze noch so fern sieht.
Wir warten darauf, dass du NN.
erlöst von Schmerzen und Angst
und von aller Ungemach seiner Erkrankung,
von all seinen Sorgen um seine Familie.

Gott schenke dir seine Nähe,
er vergebe dir all deine Schuld;
er heile all deine Wunden
und lasse dich Leben finden, solange du lebst
und auch wenn du sterben musst.

Gott stärke uns alle, dass wir dieses schwere Wegstück
miteinander gehen,
zuversichtlich, dass unser Proviant und unsere Kraft reichen,
dass wir aneinander und in unserem Glauben Trost finden
und immer verbunden bleiben
im Leben und im Tod.

Dazu segnet uns Gott, der Vater und der Sohn und der Heilige Geist.

Garten

In einer ersten Begegnung erzählt Ihnen eine Hospizbewohnerin,
wie sehr sie ihren Garten geliebt hat.
Und schon wissen Sie, dass das ein gutes Motiv für Ihre Liturgie
ist. Garten, da geht es um die gute Ordnung des Lebens, um Säen und
Ernten, um das Leben mit den Unwägbarkeiten der Natur, um den
Segen und die Wunder der Natur, darum, etwas zu schaffen und
hervorzubringen ... Gärten sind die Bilder des Anfangs (der Garten
Eden) und des Endes (Paradies). Mit einer kleinen Anknüpfung an
solche Gedanken gestalten Sie eine Kommunionfeier: »Sie haben
Ihren Garten geliebt, Frau NN. Er war Ihnen eine große Freude.«
Stichworte sind zum Beispiel: in Erinnerungen schwelgen, dankbar
sein ...»Gott hat uns verheißen, dass Engel uns in seinen himmlischen Garten geleiten.«

Weitere Anknüpfungen und Gebetstexte zur Auswahl

Selbstverständlich kann man auch den Bezug zur Jahreszeit oder zur
liturgischen Festzeit herstellen. Wichtig ist dabei, sich immer klar-
zu machen, wo für den anderen Menschen die Anknüpfung liegt. Für
einen Hochbetagten kann es gut sein, ein Gebet herauszusuchen, das
zu seinem Erfahrungsschatz gehört (auch wenn man es selbst
manchmal nur schwer über die Lippen bringt). Hier ist vielleicht ein
besonders »andachtsvoller« Umgang mit dem Sakrament nötig, und
alte Formen sind angezeigt. Bei jemand anderem würde genau das
nur alte Verletzungen anrühren, und es ist gut, wenn man das »Brot
des Lebens« ohne »große Zeremonie« bringt.

Manchmal tut es gut, ein Lied zu singen – oder auch nur die vertrau-te Melodie zu summen; manchmal braucht es den Mut, das Lied alleine zu singen; manchmal hilft ein Liedzettel dazu, ein altbe-kanntes Lied gemeinsam zu singen. Da kann es auch helfen, vorher zu sagen: »Wir versuchen das mal, auch wenn wir ein ›Rabenchor‹ sein sollten ...«

Gott mit allen Sinnen loben

Herr M. ist 46 Jahre alt und leidet an einem Gehirntumor. Er kann nicht mehr lesen und nicht verständlich sprechen. Zudem ist er stark bewegungseingeschränkt. Herr M. ist katholisch und hat relativ regelmäßig den sonntäglichen Gottesdienst besucht. Ob er eine Fei-er mitvollziehen kann, ist unklar. Nur bruchstückhaft kann er selbst bekannte Gebete wie das Vaterunser oder Ave Maria mitsprechen. Was er versteht oder wo er emotional mitschwingen wird, das kann keiner im Vorhinein sagen. Herr M. liebt es aber noch immer, zu essen und zu trinken. Das tut er mit sichtbarem Genuss, auch wenn er kein Messer mehr benutzen kann und nicht immer weiß, wozu eine Gabel dient.

Beim Richten des Raumes schaut er aufmerksam zu. Das ist die Bereitung zur Liturgie! Die Kommunionhelferin erklärt daher im Tun alles, um ihn einzubeziehen.

Da Gerüche Erinnerungen besonders beleben, hat die Kommu-nionhelferin eine kleine Schale mitgebracht, in der sie auf einem Stückchen Kohle ein paar Weihrauchkörner entzündet. (Ob sie et-was dazu sagt, zum Beispiel die Liturgien erinnert, in denen Weih-rauch genutzt wurde, entscheidet sie der Situation entsprechend.)

Die Liturgie eröffnet sie, indem sie vor dem Entzünden des Weihrauchs auf einen Gong oder eine Klangschale schlägt. Dann spricht sie als Wort zur Eröffnung:

Kreuzzeichen

Einführung

Unser Gebet steige zu dir auf, Gott,
wie Weihrauch vor dein Angesicht.

Lied

Großer Gott, wir loben dich, GL 259

Einleitung

Herr M., wir sind zusammengekommen, um zu feiern, dass Gott Sie nicht allein lässt, auch wenn Sie krank sind. Sie und Ihre Lieben haben in den letzten Wochen von so vielem Abschied nehmen müssen. Aber wir vertrauen darauf, dass Gott uns auch in diesen schweren Tagen nicht allein lässt. Er schenkt uns das Brot des Lebens, damit wir kosten und sehen können, wie gütig er ist. – Von diesem Brot werden wir leben in Ewigkeit.

Kyrie

Herr, erbarme dich. *Gemeinsam:* Herr, erbarme dich.
Christus, erbarme dich. *Gemeinsam:* Christus, erbarme dich.
Herr, erbarme dich. *Gemeinsam:* Herr, erbarme dich.

Öffnen der Pyxis

Ob die Kommunionhelferin in einer solchen Liturgie einen Bibeltext liest und ein paar Sätze dazu sagt als Zeugnis ihres Glaubens, muss sie situationsabhängig entscheiden.

Geeignet sind Lukas 9,12–16 oder eine andere Speisungsgeschichte oder das Brot-Wort aus dem Johannesevangelium (Johannes 6,32b–33)

Vaterunser

Lied

Wenn das Brot, das wir teilen…

© M: Kurt Grahl, Leipzig © T: Claus-Peter März, Erfurt

1. Wenn das Brot, das wir tei-len als
Ro-se blüht,— und das Wort, das wir spre-chen, als
Lied er-klingt,—dann hat Gott un-ter uns schon sein
Haus ge-baut,— dann wohnt er schon in un-se-rer
Welt. Ja, dann schau-en wir heut' schon sein
An-ge-sicht— in der Lie-be, die al-les um-
fängt, in der Lie-be, die al-les um-fängt.

2. Wenn das Leid jedes Armen uns Christus zeigt,
   und die Not, die wir lindern, zur Freude wird,
   dann hat Gott …

3. Wenn die Hand, die wir halten, uns selber hält,
   und das Kleid, das wir schenken, auch uns bedeckt,
   dann hat Gott …

4. Wenn der Trost, den wir geben, uns weiter trägt,
   und der Schmerz, den wir teilen, zur Hoffnung wird,
   dann hat Gott…

5. Wenn das Leid, das wir tragen, den Weg uns weist,
   und der Tod, den wir sterben, vom Leben singt,
   dann hat Gott…

Kommunionvers

Du gibst ihnen Speise zur rechten Zeit.
Du tust deine Hand auf
und erfüllst alles, was da lebt, mit Segen.
Psalm 145,15–16

Kommunionspendung

Segensbitte

Gott, du bist bei uns im Brot des Lebens,
das dein Sohn ist in seiner Hingabe für uns.
N.N. hat noch immer Freude am Essen und Trinken.
Schenke du ihm, dass er auch dem ewigen Gastmahl
getrost und freudig entgegensieht.
Stärke alle, die ihn in diesen Tagen begleiten,
die manchmal so voller Not sind,
weil so viel Vertrautes verloren geht.
Lass sie gemeinsam dich erkennen,
wann immer sie essen und trinken;
sei du ihre Lebensmitte heute und alle Tage,
bis wir miteinander sitzen an deinem Tisch.

Lied zum Segen
Bewahre uns, Gott

M: Anders Ruuth © Carus-Verlag, Stuttgart
T: Eugen Eckert © Strube Verlag, München-Berlin

1. Be - wah - re uns, Gott, be - hü - te uns, Gott, sei mit uns auf un-sern We - gen.___ Sei Quel-le und Brot in Wüs - ten - not, sei um uns mit dei - nem Se - gen. gen.

2. Bewahre uns, Gott, behüte uns, Gott,
   sei mit uns in allem Leiden.
   Voll Wärme und Licht, im Angesicht,
   sei nahe in schweren Zeiten.

3. Bewahre uns, Gott, behüte uns, Gott,
   sei mit uns, vor allem Bösen.
   Sei Hilfe und Kraft, die Frieden schafft,
   sei in uns, um uns zu erlösen.

4. Bewahre uns, Gott, behüte uns, Gott,
   sei mit uns durch deinen Segen.
   Dein Heiliger Geist, der Leben verheißt,
   sei um uns auf unseren Wegen.

Gong/Klangschale zum Ausklang der Feier

Gebet im Wechsel

Kehrvers (KV): Unsere Herzen schauen aus nach dir; du schenkst uns Frieden.
Der Kehrvers wird an passenden Stellen gemeinsam wiederholt.

Wir suchen dich, Gott, wir suchen dich,
unsere Gedanken sind voll von Fragen.
Wir schauen aus voller Sehnsucht nach dir,
denn unsere Herzen sind unruhig.
Wir suchen dich in der Gemeinschaft mit NN.,
suchen dich in der Begegnung mit Menschen,
suchen dich an besonderen Orten und in Kirchen.
Wir suchen dich in der Natur,
hoffen auf deine Gegenwart in der Stille.

Wohin bist du, Gott?
Du bist ja nicht mehr bei uns wie einst im Garten Eden.
Wohin bist du, Gott?
Du sprichst nicht zu uns wie zu den Prophetinnen und Propheten.
Wo können wir dich finden, Gott,
wo dir begegnen?
Du kommst ja nicht zu uns wie zu den Zelten Abrahams und Saras;
stellst uns kein Wasser hin wie Hagar in der Wüste;
schickst uns keinen Raben
wie dem Propheten Elija.
Gott, du mein Gott, dennoch halte ich fest an dir;
mit dir will ich diesen Tag angehen,
mit dir meinen Lebensweg gehen.
Ich vertraue auf dich,
auch wenn du dich verbirgst.
Du bist mein Gott.
Ich strecke meine Hand und mein Herz
und all meine Gedanken aus nach dir.
KV

V Kommunionfeier mit Schwerkranken und Menschen in der letzten Lebensphase

Gebet

Gott des Lebens,
manchmal ist es allein unsere Sehnsucht, die uns zu dir bringt.
So stehen wir jetzt gemeinsam vor dir,
ein bisschen unsicher, weil seit dem letzten Mal
so viel Zeit vergangen ist,
aber ganz gewiss, dass du eine offene Tür für uns hast.
Wir sind hier und tragen in unseren Herzen den Dank für alles,
was uns das Leben Gutes gebracht hat.
Wir sind hier und wir klagen,
ob du denn nichts anderes als Tod für uns bereithältst,
denn NN. geht es schon lange nicht mehr richtig gut,
und die Lebenskraft schwindet von Tag zu Tag.
So stehen wir vor dir, Glaubende und Zweifler zugleich.
Erfülle uns mit deinem Leben,
stärke uns mit deiner Liebe,
tröste uns in der Erfahrung unserer Gemeinschaft, die du stiftest.
Darum bitten wir durch Jesus Christus, unseren Erlöser,
und in der Kraft des Heiligen Geistes,
eures heilbringenden Atems.

VI
GOTT LÄDT UNS EIN
ZU SEINEM FEST

Kommunionfeier mit Kindern im Krankenhaus und zu Hause

Fragt man Gemeindepfarrer, ehrenamtliche Kommunionhelferinnen und -helfer oder Hauptamtliche in der Krankenseelsorge nach
ihren Erfahrungen, so stellt man fest, dass die Krankenkommunionfeier mit Kindern eher selten vorkommt. Das gilt für die Hauskommunion, aber auch für die Kommunionfeier im Krankenhaus. Dabei
gibt es sicherlich Kinder, die durch lang anhaltende Krankheit oder
schwere Behinderung an das Haus gebunden sind – und immer wieder Kinder, die wegen eines stationären Krankenhausaufenthalts
nicht am Gemeindegottesdienst teilnehmen können. Sie werden
sicher nicht absichtlich »vernachlässigt«. Manche Gemeindeseelsorger dürften sie einfach weniger im Blick haben als die erwachsenen
Langzeitkranken – das sind ja meist ältere Gemeindemitglieder, die
oft selbst um den Besuch eines Priesters oder Kommunionhelfers
gebeten haben. Die Eltern kranker Kinder kommen vielleicht nicht
von sich aus auf die Idee nachzufragen, ob die Kommunion ins Haus
gebracht werden kann. Und da es sich fast immer um eine ernsthaf-
te Erkrankung handelt, trauen ehrenamtliche Kommunionhelferinnen und -helfer sich den Besuch am Krankenbett eines Kindes oft
nicht zu.

Kinder gehören genauso zur Gemeinde wie die Erwachsenen.
Daher bieten wir zwei ausgearbeitete Modelle für die Kommunionfeier am Krankenbett des Kindes und einen Vorschlag für eine Feier mit kranken Kindern in der Klinikkapelle an. Das Modell »Jesus,
unser Licht« geht zwar von der Krankenhaussituation aus, kann aber
auch bei einer häuslichen Feier eingesetzt werden. Das Modell »Ein
Fest des Lebens« bezieht sich auf den Sonderfall einer Erstkommunionfeier am Krankenbett.

Es gibt auch die Praxis, dass Eltern ihrem kranken Kind die Kommunion mitbringen. Dafür gibt es keinen ausgearbeiteten Vorschlag,

denn die Eltern werden wahrscheinlich ein kurzes Gebet mit ihrem Kind sprechen und seine Fragen aus der Situation heraus beantworten. So können Eltern mit ihrem Kind beten:

Wir denken jetzt an Jesus.
Er ist bei uns, wenn wir sein Brot essen.
Er ist all denen besonders nahe,
die Hilfe brauchen:
den Kleinen, den Schwachen und den Kranken.
Wir danken dir, Jesus,
dass du uns nicht allein lässt.

Vorüberlegungen

Für langzeit- bzw. schwerkranke Kinder wird das Krankenhaus zum ungewollten »zweiten Zuhause«, in dem sich zwangsläufig alles um die Krankheit dreht. Große und kleine Unterbrechungen des Krankenhausalltags strukturieren die Zeit der Kinder nach anderen Gesichtspunkten als nach den krankenhausüblichen und geben der seelischen Gestimmtheit der Kinder einen anderen Rhythmus.[1] Dazu zählen Feste und Feiern, wie zum Beispiel der Geburtstag des Kindes oder ein Besuch der Klinikclowns. Diese willkommenen und heilsamen Unterbrechungen unterstützen das seelische Wohlbefinden der Kinder und haben oft auch auf den Krankheitsverlauf einen positiven Einfluss.

Schwerkranke Kinder sind über einen – ihnen endlos scheinenden Zeitraum – einem täglichen therapeutischen und medizinischen Maßnahmenkatalog unterworfen. Ältere Kinder erfassen und begreifen zwar oft mit einer erstaunlichen Nüchternheit dessen (Lebens-)Notwendigkeit. Gleichzeitig aber bringen die damit einhergehenden Einschränkungen und Schmerzen Kinder wie auch Eltern und Angehörige ständig an die Grenze des Erträglichen. Erfahrungsberichte von Betroffenen aus verschiedenen Internetforen zeigen, dass sich viele Eltern schwerkranker Kinder in dieser Situation von »der Kirche alleingelassen« fühlen – allerdings weni-

---

1 Rituale im Krankenhaus, hg. v. d. Ev. Kirche im Rheinland, Arbeitsstelle für Gottesdienst und Kindergottesdienst, Düsseldorf 1998

ger in Zeiten des Klinikaufenthalts als eher im Anschluss daran, wenn das Kind wieder zu Hause, aber noch weit entfernt von der Normalität ist: zwar wieder im gewohnten Umfeld, aber doch isoliert, weil das Leben mit einer schweren Krankheit nicht mehr dem Leben davor gleicht. Die existenziellen Fragen, die die kranken Kinder beschäftigen und mit denen sie die ihnen nahestehenden Erwachsenen konfrontieren, verstärken das Gefühl des Allein- oder Im-Stich-gelassen-Seins zusätzlich. »Warum bin ausgerechnet ich so krank?« – »Muss ich sterben?« – »Warum macht Gott mich nicht gesund?« – »Was kommt nach dem Tod?« In ihrer Angst und Sorge um das Kind stehen die Erwachsenen diesen Fragen oft hilflos gegenüber.

Kranke Kinder spüren die Wahrhaftigkeit, mit der ein anderer sich ihnen nähert und sie in ihrer Situation ernst nimmt. »Wahrhaftig sein« bedeutet für Seelsorger und Kommunionhelfer, dass sie keine Stärke vorspielen, die sie nicht spüren. Es ist falsch zu meinen, dass man auf alles eine Antwort und jede Situation am Krankenbett des Kindes »im Griff haben« müsse. Viel eher geht es darum, dem Kind und seinen Angehörigen zu signalisieren: »Ich sehe dich – in deiner Krankheit; ich sehe, dass die Krankheit dich/euch gefangen nimmt. Auch ich ›verstehe‹ nicht, warum diese Krankheit dich getroffen hat. Aber da ist Einer, Jesus, der weiß, wie du dich fühlst – weil auch er Schmerzen kennt. Er fühlt mit dir und streckt dir/euch seine Hände entgegen. Er will uns stützen. Lasst uns zusammen seine Hände ergreifen. Wir wollen uns von ihm an Leib und Seele stärken lassen.« So kann die Kommunionfeier mit einem kranken Kind zu einem kleinen Fest werden, das auf besondere Weise seelisch unterstützend und heilend wirkt, weil es das Nahe-Sein des heilenden Gottes vermittelt – sowohl dem kranken Kind selbst als auch den Menschen, die es lieben und die an der Feier, im Krankenhaus oder zu Hause, teilnehmen.

Hinweise zur Vorbereitung
Die meisten Hinweise gelten gleichermaßen für die »einfache« Kommunionfeier und für die Feier der Erstkommunion am Krankenbett (ab S. 152).

Der Termin

Die Situation schwerkranker Kinder verlangt hinsichtlich der geplanten Kommunionfeier von den Kommunionhelferinnen und -helfern große Aufmerksamkeit. Da ist zunächst die »Terminfrage«: Verschiedene Faktoren wie etwa eine veränderte Medikation, die das Kind schlecht verträgt, ein seelisches Tief, ein unerwarteter Rückfall, eine Infektion, Übelkeit infolge einer Chemotherapie etc. können dazu führen, dass die vorgesehene Kommunionfeier ausfällt oder zumindest zeitlich verschoben werden muss. Planen Sie daher möglichst von vornherein genügend Zeit rund um die Feier ein, damit Sie flexibel auf den persönlichen Zustand des Kindes eingehen können. Sollte sich das Befinden des Kindes stabilisieren, können Sie die Feier – ohne Termindruck – zu einem späteren Zeitpunkt am gleichen Tag anbieten.

Information und Einladung an die Mitpatienten/Besucher

Wenn die Feier im Krankenhaus stattfindet, sollten die kleinen Mitpatienten, die mit dem Kind in einem Zimmer untergebracht sind, und anwesende Besucher (Angehörige) über den Zeitpunkt der geplanten Liturgie informiert werden. Mit Rücksicht auf die momentane Situation des Kindes und seine persönlichen Bedürfnisse sowie die seiner Angehörigen können nach Absprache Mitpatienten und ihre Besucher eingeladen werden, an der Feier teilzunehmen. Das Kind empfindet es unter Umständen auch als tröstlich und stärkend, wenn vertraute Personen des ärztlichen oder pflegerischen Personals mitfeiern.

Falls die Familie es wünscht und der Zustand des Kindes es erlaubt, kann eine Erstkommunionfeier im Krankenhaus nach Absprache mit der Klinikseelsorge auch in der Kapelle stattfinden.

Gestaltung des Raumes

Bei der Kommunionfeier am Krankenbett nehmen die teilnehmenden Personen auf Stühlen rechts und links des Bettes Platz. Wenn möglich, wird ein kleiner Kreis gebildet. Der Tischaltar ist so ausgerichtet, dass das Kind ihn gut von seiner Position im Krankenbett oder (Roll-)Stuhl aus sehen kann.

Gestaltung des Tischaltares für die Feier
Im Krankenzimmer wird ein Tisch mit einem weißen Tuch gedeckt. Darauf steht oder liegt in der Mitte ein Kreuz; zu dessen Seiten stehen zwei Kerzen, die den besonderen gottesdienstlichen Charakter der Mahlfeier unterstreichen. Das können eine kleine Osterkerze und die Erstkommunionkerze des Kindes sein. Das Entzünden der Osterkerze zu Beginn der Feier (eventuell durch ein teilnehmendes Familienmitglied) macht deutlich, dass Gott nicht Halt macht vor der Krankenzimmertür, sondern mit seinem Licht zu dem kranken Kind und seinen Angehörigen kommt.

Falls in der Familie des Kindes eine Osterkerze vorhanden ist, wird diese verwendet. Sonst wird eine kleine Osterkerze von der Kommunionhelferin bzw. vom Kommunionhelfer mitgebracht oder – nach Absprache mit der Klinikseelsorge – aus der Krankenhauskapelle ausgeliehen. An der Osterkerze wird im Lauf des Wortgottesdienstes die Erstkommunionkerze des Kindes entzündet. Statt der Erstkommunionkerze kann auch eine schlichte weiße Kerze verwendet werden, die der Seelsorger/Kommunionhelfer mitbringt. Sie wird vor Beginn der Feier mittels eines schönen (selbstklebenden) Etiketts mit dem Namen des Kindes versehen. Eventuell kann das Kind seinen Namen selbst auf das Etikett schreiben, ehe es aufgeklebt wird. Wenn sein Zustand es zulässt, kann es die Kerze vorher auch verzieren – etwa mit einem bunten Band, einem Zweig, einer gepressten Blume. Im häuslichen Rahmen kann der Tischaltar zusätzlich mit einem Blumenstrauß oder einem grünen Zweig geschmückt werden; im Krankenhaus ist das wegen der Infektionsgefahr oft nicht möglich.

Handelt es sich um eine Krankenmesse, etwa eine Erstkommunionfeier, finden auf dem Tisch die entsprechenden liturgischen Geräte Platz. Besteht die Feier aus einem Wortgottesdienst mit anschließender Kommunionspendung, steht auf dem Tisch eine leere Hostienschale bereit, außerdem eine Schale mit Weihwasser und ein Glas Wasser für das Kind. Daneben legt die Kommunionhelferin bzw. der Kommunionhelfer die Pyxis oder Bursa mit dem eucharistischen Brot.

Zeit und Ablauf der Feier
Die Kommunionfeier ist mit Rücksicht auf das kranke Kind bewusst kurz gehalten. Der Vorschlag setzt sich nach dem »Bausteinprinzip« zusammen: Der liturgische Ablauf bleibt gleich, aber einzelne Elemente können nach Bedarf weggelassen oder ausgetauscht werden.

Lieder
Bei vielen Krankenkommunionfeiern für Erwachsene entfallen begleitende Lieder zur Feier. Oft sind die Patienten zu schwach oder zu erschöpft zum Singen, oder die Kommunionhelferinnen und -helfer scheuen das Anstimmen und Vorsingen. Die meisten Kinder singen gern, wenn sie dazu in der Lage sind, oder sie hören zu, wenn ihnen vorgesungen wird. Eltern schwerkranker Kinder sagen immer wieder, dass sich das Vorsingen nach schwierigen und schmerzvollen Tagen oft als eines der »letzten Mittel« erwiesen habe, das Kind zu beruhigen. Das gilt auch für ältere Kinder. Musik, Töne und Klänge können heilsam auf Körper und Seele einwirken. Gerade bei der Erstkommunionfeier sollte auf Musik nicht verzichtet werden, auch wenn das Kind möglicherweise nicht selbst mitsingen kann. In den beiden Vorschlägen für eine Kommunionfeier mit kranken Kindern sind rhythmische Lieder, die besonders für Kinder geeignet sind, und Lieder aus dem Gotteslob (GL) angegeben. Selbstverständlich können sie nach Bedarf und Situation ausgetauscht oder durch meditative Musik von einer CD ersetzt werden. Fragen Sie, welche Lieder das Kind selbst kennt – etwa aus dem Kindergottesdienst – und gerne hört oder singt. Wenn Sie genug Vorlaufzeit haben, um die Feier mit den Angehörigen und nach Möglichkeit mit dem Kind selbst vorzubereiten, erstellen Sie ein Lied-Text-Blatt, das die Wünsche des Kindes und seiner Eltern berücksichtigt. Alternative Liedvorschläge finden sich auch ab S. 186.

Texte
Das schwer-/langzeitkranke Kind und seine Angehörigen befinden sich emotional in einer »Ausnahmesituation«. In der ruhigen Atmosphäre einer Kommunionfeier lässt die Anspannung nach Wochen und Monaten durchwachter Nächte oft nach; Gefühle können und dürfen sich hier Bahn brechen. Fest formulierte Fürbitten für das Kind

und seine Angehörigen – seien sie auch noch so gut gemeint – treffen oft unbewusst die »seelische Achillesferse« der Betroffenen, die von ihren Empfindungen regelrecht überflutet werden können. Dagegen bieten »stille« Fürbitten den Teilnehmenden den Freiraum, ihre Gefühle zuzulassen. Der angegebene »Ruf nach den Fürbitten« kann übernommen, situationsgemäß verändert oder weggelassen werden.

Texte, Bibelstellen, Gedichte wurden mit Blick auf die Situation des schwer-/langzeitkranken Kindes ausgewählt und heben das heilende und stärkende Wirken Gottes hervor.

Die nicht extra gekennzeichneten Texte werden von der Leiterin bzw. dem Leiter der liturgischen Feier gesprochen. Bei der Krankenmesse bzw. Erstkommunionfeier ist dies der Priester. Die mit »L« (= Lektor/-in) benannten Texte sollten nach Möglichkeit von einem der Mitfeiernden, von Vater, Mutter oder einem anderen Familienmitglied, gelesen werden. Bei der Erstkommunionfeier kann das auch die Person sein, die das Kind vorbereitet hat (Gemeindereferent/-in, Katechet/-in).

Einzelne Gestaltungselemente der Krankenkommunion- bzw. Erstkommunionfeier sind identisch. Eventuell empfängt das Kind im Verlauf der Krankheit häufiger die Kommunion. Einige Zeit nach der Erstkommunionfeier kann wieder eine – kürzere – Feier stattfinden, wahrscheinlich ein Wortgottesdienst mit Kommunionspendung. Gleichbleibende, wiederkehrende Elemente geben Sicherheit und Geborgenheit, was für kranke Kinder besonders wichtig ist.

Erinnerungszeichen
Es bietet sich als schöne Geste an, dem Kind zur Erinnerung an die gemeinsame Mahlfeier ein kleines Zeichen zu überreichen. Dazu eignet sich etwa der »Hosentaschenengel«: In eine leere Streichholzschachtel ist dabei ziehharmonikaartig ein Blatt Papier mit einem tröstenden Engel-Gedicht und einer – verkleinert fotokopierten – Engel-Darstellung eingefügt. Die Schachtel kann »in jeder Hosentasche« zu Hause und auch im Krankenhaus mitgenommen werden. So begleitet das Erinnerungszeichen das Kind auch weiterhin (Anleitung ab S. 150).

Jesus, unser Licht
Kommunionfeier am Krankenbett eines Kindes

Kreuzzeichen

Mit dem Kreuzzeichen, das wir uns zu Beginn unserer Feier gegenseitig mit Weihwasser auf die Stirn zeichnen, bitten wir: Komm in unsere Mitte, heilender Gott!

Seelsorger/-in oder Kommunionhelfer/-in zeichnet zu diesen Worten dem Kind ein Kreuz mit Weihwasser auf die Stirn. Anschließend bezeichnen die Anwesenden sich selbst oder einander mit dem Kreuz.

Im Namen des Vaters ...

Jesus ist bei uns, er ist dir, N., jetzt ganz nah. Zum Zeichen dafür entzünden wir nun die Osterkerze und beginnen unsere Feier mit einem Lied.
Während des Liedes wird die Osterkerze entzündet.

Lied
Du bist das Licht der Welt

T/M: Helga Poppe; Kreuzbruderschaft aus: »Herr, wir sind Brüder«
© Präsenz Verlag der Jesus-Bruderschaft Gnadenthal, Hünfelden

Refrain: Du bist das Licht der Welt, du bist der Glanz, der uns un - se - ren Tag er - hellt.
Du bist der Freu - den - schein, der uns so glück - lich macht, dringst sel - ber in uns ein.

Du bist der Stern in der Nacht,
Bist wie ein Feu - er ent - facht,

der al - lem Fins - te - ren wehrt.
das sich aus Lie - be ver

2. D zehrt, du das Licht der Welt. *Fine*

1. So wie die Son - ne stets den Tag bringt nach der
Wie sie trotz der Wol - ken - mau - er uns die Hel - le

Kyrie

Jesus, du bist jetzt bei uns – du bist im Licht, das so hell und warm scheint! Du willst dich uns im Brot schenken, wenn wir es heute miteinander teilen und essen!

Du bist da, wenn wir gesund und wenn wir krank sind. Du weißt, wie schwer es ist, so krank zu sein und Schmerzen zu haben. Kranksein macht traurig und wütend, ängstlich und unglücklich. Du sagst uns: Ich möchte dich, N., stark machen, damit du neuen Mut und neue Kraft bekommst.

Um das Erbarmen Jesu bitten wir im Kyrie:

VI Kommunionfeier mit Kindern im Krankenhaus und zu Hause

Herr, erbarme dich unser.
Alle: Herr, erbarme dich unser.
Christus, erbarme dich unser.
Alle: Christus, erbarme dich unser.
Herr, erbarme dich unser.
Alle: Herr, erbarme dich unser.

Jesus nimmt alles in sein Herz hinein, was uns bedrückt. Das bedeutet »Barmherzigkeit«. Er nimmt uns so an, wie wir sind, und mit dem, was wir fühlen. Er vergibt uns, was wir falsch gemacht haben, und führt uns ins Leben. (*Alle:* Amen.)
   Zum Zeichen dafür, dass Gott dich, N., und uns alle heil machen will an Körper und Seele, wird nun deine Erstkommunionkerze (diese Kerze) an der Osterkerze entzündet.
   Das Kind selbst oder ein Familienmitglied entzündet die Kerze des Kindes an der Osterkerze.

Schriftlesung: Lukas 18,35–43
Wie sehr Jesus für die Kranken da war, hat er immer wieder gezeigt. Davon erzählt auch eine Geschichte aus dem Lukasevangelium, die wir jetzt hören. Sie handelt von einem blinden Mann.
L: Als Jesus in die Nähe von Jericho kam, saß ein Blinder an der Straße und bettelte. Er hörte, dass viele Menschen vorbeigingen, und fragte: Was hat das zu bedeuten? Man sagte ihm: Jesus von Nazaret geht vorüber. Da rief er: Jesus, Sohn Davids, hab Erbarmen mit mir! Die Leute, die vorausgingen, wurden ärgerlich und befahlen ihm zu schweigen. Er aber schrie noch viel lauter: Sohn Davids, hab Erbarmen mit mir! Jesus blieb stehen und ließ ihn zu sich herführen. Als der Mann vor ihm stand, fragte ihn Jesus: Was soll ich dir tun? Er antwortete: Herr, ich möchte wieder sehen können. Da sagte Jesus zu ihm: Du sollst wieder sehen. Dein Glaube hat dir geholfen. Im gleichen Augenblick konnte er wieder sehen. Da pries er Gott und folgte Jesus. Und alle Leute, die das gesehen hatten, lobten Gott.

Evangelium unseres Herrn, Jesus Christus.
Gemeinsam: Lob sei dir, Christus.

Lied
Eines Tages kam einer

T: A. Albrecht M: P. Janssens
Aus: Circus Mensch © Peter Janssens Musik Verlag, Telgte

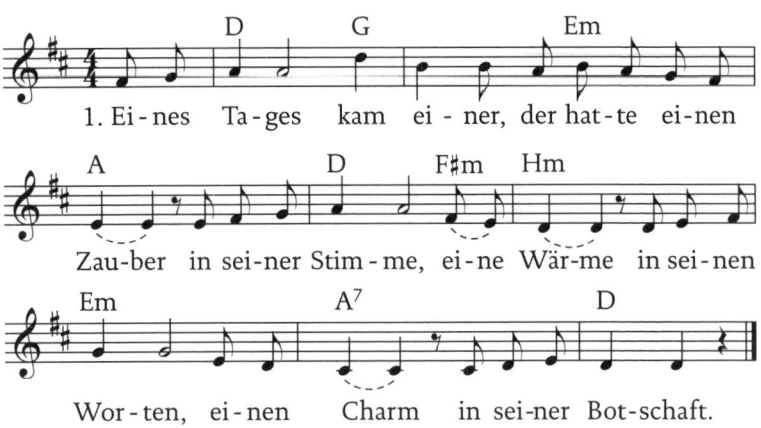

1. Ei-nes Ta-ges kam ei-ner, der hat-te ei-nen Zau-ber in sei-ner Stim-me, ei-ne Wär-me in sei-nen Wor-ten, ei-nen Charm in sei-ner Bot-schaft.

2. Eines Tages kam einer,
   der hatte eine Freude in seinen Augen,
   eine Freiheit in seinem Handeln,
   eine Zukunft in seinem Zeichen.

3. Eines Tages kam einer,
   der hatte eine Hoffnung in seinen Wundern,
   eine Kraft in seinem Wesen,
   eine Offenheit in seinem Herzen.

Fürbitten

In der Frühzeit der Kirche brachten die Christen Wein und Brot von zu Hause mit zum Gottesdienst. Wenn diese Gaben eingesammelt wurden, brachten die Menschen zusammen mit ihnen Gott auch ihre persönlichen Bitten vor.

Dasselbe wollen wir tun, wenn wir jetzt die noch leere Hostienschale von Hand zu Hand weiterreichen. Wir dürfen Jesus unser Herz ausschütten und ihn anrufen – so wie der blinde Mann aus Jericho es getan hat. Unsere Gedanken, unsere ganz persönlichen Bitten können wir in diese leere Schale legen, aus der wir danach Jesus selbst im Zeichen des Brotes empfangen werden.

VI Kommunionfeier mit Kindern im Krankenhaus und zu Hause

*Seelsorger/-in oder Kommunionhelfer/-in nimmt die leere Hostien-
schale vom Tisch und hält sie kurze Zeit in stillem Gebet in den Händen. Danach wird die Schale an den Nächstsitzenden weitergereicht
und am Ende wieder auf den Tisch gestellt. Zu den »stillen Fürbitten«
kann nach Wunsch ruhige Musik eingespielt werden.*

Lied nach den Fürbitten

Meine engen Grenzen

T: Eugen Eckert
Musik: Winfried Heurich © Lahn-Verlag, Limburg-Kevelaer

1. Mei-ne en-gen Gren - zen, mei-ne kur-ze Sicht,
   _ brin-ge ich vor dich._ Wand-le sie in
   Wei - te, Herr, er - bar - me dich.

2. Meine ganze Ohnmacht, was mich beugt und lähmt,
   bringe ich vor dich.
   Wandle sie in Stärke, Herr, erbarme dich.

3. Mein verlornes Zutraun, meine Ängstlichkeit,
   bringe ich vor dich.
   Wandle sie in Wärme, Herr, erbarme dich!

Falls die Melodie nicht bekannt ist, kann der Text des Liedes auch
gebetet werden.

Vaterunser

Unsichtbar in der Hostienschale *(Anheben der Schale)* liegen nun unsere Sorgen und Bitten. Jesus, nimm sie an – und verwandle Sorge in Hoffnung, Angst in Vertrauen, Ohnmacht in Stärke. Du selbst hast gesagt:»Alles, um was ihr meinen himmlischen Vater in meinem Namen bittet, das wird er euch geben.« Im Vertrauen auf dich beten wir deshalb miteinander zu Gott, unserem Vater, so wie du es uns gelehrt hast: Vater unser ...

Kommunion

Seelsorger/-in oder Kommunionhelfer/-in legt die geweihten Hostien in die Schale und hebt eine Hostie hoch, um sie den Anwesenden zu zeigen.

Seht das Lamm Gottes. Es nimmt hinweg alle Sünde und Not der Welt.

Alle: Herr, ich bin nicht würdig, dass du eingehst unter mein Dach, aber sprich nur ein Wort, so wird meine Seele gesund.

Wer dieses Brot isst, wird leben in Ewigkeit.
Herr, stärke uns durch dieses Brot!

Mit den Worten »Christus – Leben für die Welt« oder »Der Leib Christi« wird die Hostie dem Kind gereicht. Das Kind erhält die Hostie ganz oder, wenn das nicht möglich ist, nur ein kleines Stück davon. Das Kind antwortet (falls möglich) mit »Amen« und empfängt die Eucharistie. Anschließend wird ihm bei Bedarf etwas Wasser gereicht.

Nach dem Kind empfangen die Mitfeiernden, wenn sie es möchten, die Kommunion.

Lied
Durch das Dunkel hindurch

T: Hans-Jürgen Netz M: Christoph Lehmann
© tvd-Verlag, Düsseldorf

1. Durch das Dun-kel hin-durch _ scheint der Him-mel hell. Durch das Dun-kel hin - durch_ scheint der Him - mel hell. So hell soll auch die Er - de sein, _ steht auf, steht auf, steht auf, so hell soll auch die Er - de sein, steht auf!

2. Durch das Dunkel hindurch dringt ein neues Wort. . . .
   Das Wort wird uns zur Zuversicht, steht auf . . .

3. Durch das Dunkel hindurch führt ein neuer Weg. . . .
   Der Weg wird unsre Zukunft sein, steht auf . . .

4. Durch das Dunkel hindurch Stärkt ein Bissen Brot. . . .
   Das Brot soll unser Zeichen sein, steht auf . . .

5. Durch das Dunkel hindurch schließen wir den Bund, . . .
   Den Bund, der uns mit Gott vereint, steht auf . . .

Gebet

Jesus, im heiligen Brot hast du dich uns geschenkt. Wir danken dir. Lass deine Kraft besonders N., den Eltern, Angehörigen und allen Menschen, die krank sind, »in Fleisch und Blut übergehen«. Schenke ihnen Mut und liebevolle Menschen, die sie unterstützen. Du aber, heilender Gott, bleibe immer bei uns und segne uns.

Segensbitte

Alle Anwesenden reichen einander die Hände. Der Tischaltar wird von dem »Ring«, den die Teilnehmenden bilden, wenn möglich umschlossen.

Zu einem Ring verbinden sich unsere Hände. So sind wir untereinander verbunden – und Jesus Christus ist mit in unserem Bund. Stark ist dieser Bund und fest. Er hält aus und trägt – so wie Gott dich, N., und uns alle trägt und nicht loslässt. Wir bitten Gott jetzt um seinen Segen.

Alle Angst und alle Sorgen leg ich, o Gott, nun in deine Hand.
Du warst bei mir heute, du bist es auch morgen –
du siehst auch das Gestern, das ich überwand.
Du kennst all meine Wege – ich bin in deinem Mosaik ein Stein.
Deine Liebe wird mir Flügel geben – in deinen Segen
kuschle ich mich ein.
T: frei nach Edith Stein (Originaltext s. S. 180 – in Kapitel VII).

Dass du, N., dich in die Liebe und den Segen Gottes »einkuscheln« kannst wie unter die Flügel seines Engels, der dich und alle, die für dich sorgen, begleiten soll, darum bitten wir *(Kreuzzeichen)* im Namen des Vaters und des Sohnes und des Heiligen Geistes.

Erinnerungszeichen

Zum Abschluss erhält das Kind ein Erinnerungszeichen, zum Beispiel den »Hosentaschenengel« (s. S. 150–151).

Lied
Unter deinen Flügeln

T / M: G. Schöne © Buschfunk Musikverlag, Berlin

1. Un-ter dei-nen Flü-geln kusch-le ich mich ein. Weiß, dass du mir nah bist, im-mer für mich da bist, lie-ber En-gel mein.

2. Sage dir vorm Schlafen das, was ich bereu.
   Ich kann dir erzählen, wenn mich Sorgen quälen
   und wenn ich mich freu.

3. Brauch nicht Angst zu haben, denn du bist ja hier,
   hältst zu allen Zeiten, auch in Schwierigkeiten
   wie ein Freund zu mir.

4. Unter deinen Flügeln kuschle ich mich ein.
   Weiß, dass du mir nah bist, immer für mich das bist,
   lieber Engel mein.

Der Hosentaschenengel
Beschreibung und Bastelanleitung

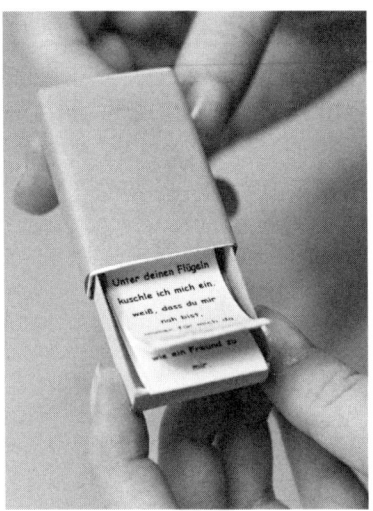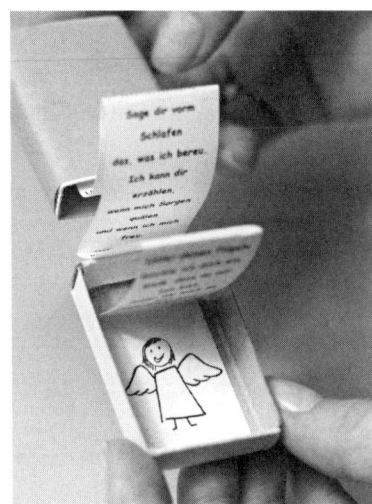

Bekleben Sie eine Streichholzschachtel so mit buntem Tonpapier oder Folie, dass sie sich noch öffnen lässt. Fotokopieren Sie das Engel-Leporello (drei Vorschläge finden Sie S. 151) und falten Sie es ziehharmonikaartig an den gestrichelten Linien. Anschließend wird das Leporello so in die Schachtel geklebt, dass das Bild des Engels den Boden der Schachtel bedeckt. Wenn das Kind die Schachtel öffnet, erscheint so beim Herausziehen des Leporellos zuerst das Gedicht und schließlich das Bild.

Unter deinen Flügeln
kuschle ich mich ein.
Weiß, dass du mir nah bist,
immer für mich da bist,
lieber Engel mein.

Sage dir vorm Schlafen
das, was ich bereu.
Ich kann dir erzählen,
wenn mich Sorgen quälen
und wenn ich mich freu.

Brauch nicht Angst
zu haben,
denn du bist ja hier,
hältst zu allen Zeiten,
auch in Schwierigkeiten
wie ein Freund zu mir.

Unter deinen Flügeln
kuschle ich mich ein.
Weiß, dass du mir nah bist,
immer für mich da bist,
lieber Engel mein.
(Gerhard Schöne)

Ein Engel für traurige Tage
schlüpft meistens
ganz heimlich ins Haus.
Man braucht ihn
gar nicht zu rufen.
Er kennt sich bei dir
gut aus.

Und sitzt ihr dann
still beieinander,
so sagt er nicht:
»Tu dies oder das.«

Er spürt deine
Ängste und Sorgen,
und zwischen euch
tut sich was.

Dein Engel kommt nicht,
um zu zaubern.
Er will wie ein Freund
bei dir sein.

Die traurigen Tage,
sie bleiben,
doch er lässt dich darin
nicht allein!
(nach: Susanne Brandt)

Denn Gott befiehlt
seinen Engeln,

dich zu behüten

auf all deinen Wegen.

(Psalm 91,11)

Ein Fest des Lebens
Erstkommunionfeier für ein krankes Kind

Erstkommunion mit einem schwerkranken bzw. langzeitkranken Kind zu feiern, erfordert von den Verantwortlichen der Seelsorge großes Fingerspitzengefühl für die Situation des Kindes und seiner Angehörigen. Langzeit- bzw. schwerkranke Kinder fallen mitunter durch die »Maschen des Gemeindenetzes«: Durch lange Krankenhausaufenthalte über viele Monate hinweg oder therapiebedingt (zum Beispiel während einer Chemotherapie) können sie oft nicht oder nur unregelmäßig an einer Erstkommunionvorbereitung teilnehmen. In der Zeit nach der Diagnostizierung und in den ersten Therapiephasen der Krankheit wird sich für die meisten Eltern betroffener Kinder ohnehin nicht die Frage stellen, ob ihr Kind jetzt zur Erstkommunion geführt werden soll. Ein Stück des »vorherigen Lebens« beginnt erst dann wieder durchzuschimmern, wenn die stationäre Therapie, zum Beispiel bei krebskranken Kindern, in eine ambulante Phase übergeht oder sich nach einer Operation/Transplantation Rehabilitationsmaßnahmen anschließen. Oft taucht jetzt auch wieder das Thema Erstkommunion auf – vor allem dann, wenn zu Beginn der Erkrankung die Katechese bereits begonnen hatte.

Natürlich wird die Familie alles versuchen, damit das Kind die Erstkommunion in der ihm vertrauten Klassen- oder Kommuniongruppengemeinschaft miterleben kann. Das gilt nicht nur für kranke Kinder, sondern auch für Kinder mit Behinderungen. In vielen Fällen lässt sich dieser Wunsch realisieren und mit den Therapiemaßnahmen koordinieren. Trotzdem wird sich gelegentlich auch die Situation ergeben, dass ein krankes oder schwerbehindertes Kind nicht an der Feier der Erstkommunion in der Pfarrkirche teilnehmen kann. Eine plötzliche Infektion, ein Rückfall, ein neues Medikament, das nicht vertragen wird, können sogar von einer Stunde zur anderen die Teilnahme an der Erstkommunionfeier mit den anderen Kindern zunichte machen. Die Erkenntnis, dass das Kind dieses Fest nicht gemeinsam mit den gleichaltrigen Kindern in der Kirche feiern kann, bedeutet für alle Beteiligten zuerst einmal eine tiefe Enttäuschung. Schließlich ist die Erstkommunion für katholische Christen »das« große Fest in der Kindheit. Die Schwere der Erkrankung lässt es aber oft auch nicht zu, dass die Erstkommunion auf das nächste Jahr verschoben wird. Die Seelsorgerinnen und Seelsorger sind hier ganz besonders gefordert: Die Eltern und das Kind mit dem Hinweis auf »später, wenn es dem Kind wieder besser geht«, beschwichtigen zu wollen, bedeutet bei lebensbedrohlichen Krankheiten, die Augen vor der Realität zu verschließen, dass das kranke Kind im Heute lebt und es ein »Später« vielleicht nicht mehr geben wird.

Der Praxisvorschlag zur Gestaltung einer Erstkommunionfeier am Krankenbett des Kindes stellt das Gleichnis vom Festmahl (Lukas 14,15–23) in den Mittelpunkt: Ein Mann lädt zu einem Fest ein, doch keiner der Angesprochenen findet die Zeit zu kommen. Da bittet der enttäuschte Gastgeber spontan fremde Menschen zu sich – und bereitwillig folgen diese der Einladung, mit ihm zu feiern. Jesus macht damit deutlich, dass Gott uns nicht morgen oder nächstes Jahr zu »seinem Fest« bittet, sondern dass seine Einladung *jetzt* gilt.

Manche Eltern trauen sich möglicherweise nicht, die Gemeindereferentin oder den Pfarrer auf die Möglichkeit einer Erstkommunionfeier für ihr Kind im privaten Rahmen anzusprechen. Oft sind sie auch zu belastet, und es fehlt ihnen die Kraft, sich auch noch darum zu kümmern. Auf der anderen Seite haben pastorale Mitarbeiterinnen und Mitarbeiter oft das Gefühl, sich auf »sehr dünnem Eis« zu bewegen, wenn sie im Kontakt mit der Familie von sich aus auf dieses Thema kommen. So erschweren Unsicherheit und Angst auf beiden Seiten den Gesprächseinstieg. Betroffene Eltern berichten jedoch, dass sie erleichtert und froh waren, wenn sie vom Pfarrer oder einem Mitglied des Pastoralteams auf das Thema »Erstkommunion« angesprochen wurden. »Nachgehende Seelsorge« ist hier genau das, was der Gastgeber im Gleichnis – also Gott selbst – tut, und daher eine wichtige Aufgabe der pastoralen Verantwortlichen.

Das Geschenk des Lebens ist umso kostbarer, je mehr uns seine Endlichkeit bewusst wird. Schwerkranke Kinder und die Menschen, die ihnen nahestehen, spüren und erleben das – und leben daher besonders intensiv. Das macht sie sehr empfänglich dafür, ein »Fest der Auferstehung« inmitten einer Lebensphase zu feiern, die von schwerer Krankheit geprägt ist. Auf das Kind kann das Fest psychisch und emotional stabilisierend und aufbauend wirken. Sich in der Vorbereitung und Feier auf die besondere Situation des schwer- bzw. langzeitkranken Kindes einzulassen, greift die Sehnsucht nach Lebensfreude auf, die selbstverständlich auch in dem Kind und seinen Angehörigen wohnt – den Wunsch, miteinander froh zu sein und die Kraft des heilenden und stärkenden Gottes zu erfahren.

Wie eine Erstkommunionfeier mit einem kranken Kind der Situation angepasst gestaltet werden kann, zeigt der folgende Praxisvorschlag, der sowohl im häuslichen Rahmen als auch – bei Bedarf – im Krankenhaus realisiert werden kann. Elemente daraus können außerdem auch für die Feier der Erstkommunion mit einem schwer- bzw. mehrfach behinderten Kind genutzt werden. Die Situation eines Kindes mit schwerer Behinderung ist allerdings anders als die eines schwer-/langzeitkranken Kindes und erfordert eine sorgfältige, situationsgemäße und kundige Begleitung.

Der äußere Rahmen wird ähnlich gestaltet wie bei der Krankenkommunionfeier für Kinder. Wenn das Kind es wünscht bzw. dazu in der Lage ist, kann es das Kommunionkleid (den Kommuniontalar) anziehen. Kleid oder Talar können auch auf dem Bett vor dem Kind ausgebreitet werden.

Begrüßung

Heute dürfen wir alle hier mit dir, liebe/r N., ein großes Fest feiern. Jesus kommt zu dir! Mit dem Kreuzzeichen, das wir uns zu Beginn unserer Feier gegenseitig mit Weihwasser auf die Stirn zeichnen, bitten wir nun Gott, den Vater, und Jesus, der uns Menschen heilen und stärken will, und den Leben schaffenden Geist in unsere Mitte. Komm zu uns, heilender Gott!

Der Zelebrant zeichnet zu diesen Worten dem Kind ein Kreuz mit Weihwasser auf die Stirn. Anschließend bezeichnen die Anwesenden sich selbst oder einander mit dem Kreuz.

Im Namen des Vaters …

In dem heiligen Brot, das du heute essen wirst, will Jesus dir ganz nah sein und dich durchdringen mit seiner Stärke und Liebe. Als Zeichen dafür entzünden wir nun die Osterkerze und eröffnen unsere Feier mit einem Lied.

Lied
Manchmal feiern wir mitten im Tag

T: A. Albrecht M: P. Janssens; Aus: Ihr seid meine Lieder, 1974

© Peter Janssens Musik Verlag, Telgte

1. Manch-mal fei-ern wir mit-ten im Tag ein Fest der Auf-er-ste-hung Stun-den wer-den ein-ge-schmol-zen, und ein Glück ist da. da.

2. Manchmal feiern wir mitten im Wort
   ein Fest der Auferstehung.
   Sätze werden aufgebrochen, und ein Lied ist da.

Während des Liedes wird die Osterkerze entzündet.

Erneuerung des Taufgelübdes
Dem Kind wird die noch nicht angezündete Erstkommunionkerze in die Hand gegeben, wenn es in der Lage ist, sie zu halten. Sonst hält ein teilnehmendes Familienmitglied die Kerze.

Gott will dich, N., stark machen und lädt dich zu seinem Fest ein. Mit seinem Licht will er dein Leben hell machen. Ich frage dich jetzt: Glaubst du an Gott, den Vater, der dich liebt und sich um dich sorgt?

Erstkommunionfeier für ein krankes Kind

Kind: Ja, ich glaube!
Glaubst du an Jesus, den Sohn Gottes, der sich dir im Brot schenkt,
der dein Freund ist auf allen Wegen deines Lebens?
Kind: Ja, ich glaube!
Glaubst du an den Heiligen Geist, der dir Kraft, Mut und Hoffnung
geben will?
Kind: Ja, ich glaube!
So entzünde nun dein Licht am Licht Jesu, damit es dich und dein
Leben erleuchtet.

*Das Kind entzündet (eventuell mithilfe eines Erwachsenen) nun die
Erstkommunionkerze an der Osterkerze, oder die Erstkommunion-
kerze wird vor seinen Augen angezündet. Die Kerze wird auf dem
Tischaltar abgestellt.*

Kyrie
Jesus, du bist jetzt bei uns – du bist im Licht, das so hell und warm
scheint! Du willst dich uns im Brot schenken, wenn wir es heute
miteinander teilen und essen!
 Du bist da, wenn wir gesund und wenn wir krank sind. Du sagst:
Ich möchte dir, N., neuen Mut und neue Kraft geben.
 Um das Erbarmen Jesu bitten wir im Kyriegebet:
Herr, erbarme dich unser. *Alle:* Herr, erbarme dich unser.
Christus, erbarme dich unser. *Alle:* Christus, erbarme dich unser.
Herr, erbarme dich unser. *Alle:* Herr, erbarme dich unser.
Jesus nimmt alles in sein Herz hinein, was uns bedrückt. Er nimmt
uns so an, wie wir sind, und mit dem, was wir fühlen. Er vergibt uns,
was wir falsch gemacht haben, und führt uns ins Leben. *Alle:* Amen.

Geschichte
Brot ist wichtig für uns Menschen. Brot stillt den Hunger und macht
satt. Aber es bedeutet noch viel mehr für uns! Jesus wusste das. Deshalb sagte er beim letzten Abendmahl zu seinen Freunden: Nehmt
das Brot und esst es, ich bin es selbst! Nehmt mich auf in euren Leib,
in eure Seele, in euer Herz – damit ich ganz bei euch sein und euch
Kraft geben kann! Bewahrt die Erinnerung an mich in euch.

Das war für die Jünger Jesu zuerst sehr schwer zu verstehen. Und auch wir tun uns nicht leicht damit. Was Jesus damit gemeint haben könnte, kann uns eine wahre Geschichte näherbringen, die wir nun hören werden.

Die Geschichte kann frei erzählt oder auch von verschiedenen Personen vorgelesen werden. Zur leichteren Einteilung dienen die Absätze im Text.

Die Söhne eines alten Doktors, der gestorben war, gingen daran, sein Erbe zu ordnen. In einem Glasschrank hatte der Vater seine Erinnerungsstücke aufbewahrt: feine Gläser, altes Porzellan und viele Reiseandenken. Im untersten Fach aber, hinten in der Ecke, fand sich ein merkwürdiger, harter, grauer Klumpen. Als sie ihn bei Licht besahen, stellten die Söhne fest, dass es ein uralter, vertrockneter Laib Brot war. Wie kam das Brot wohl unter all die Kostbarkeiten im Glasschrank? Da erzählte ihnen die Haushälterin des alten Doktors die Geschichte dieses Brotes: In den Hungerjahren am Ende des Krieges war der Doktor sehr krank gewesen und vor Erschöpfung gar nicht wieder hochgekommen. Der Arzt, der ihn untersucht hatte, sagte, er solle kräftige Nahrung essen. Aber wo sollte die herkommen in dieser Zeit, wo kaum einer ausreichend zu essen hatte?

Da brachte ein Freund des Doktors ein kräftiges Bauernbrot mit, das er selbst geschenkt bekommen hatte. Dem Doktor kamen die Tränen, als er es in den Händen hielt. Aber als der Freund gegangen war, wollte er es nicht essen, sondern schickte es der Familie ins Nachbarhaus, deren Tochter krank war: »Das junge Mädchen braucht es nötiger als ich«, sagte der Doktor. Die Frau aus dem Nachbarhaus aber trug das Brot zu der alten Frau, die in der Dachkammer wohnte und kaum mehr laufen konnte. Sie hatte keinen mehr, der für sie sorgte. Die alte Frau indessen gab es an ihre Tochter weiter, die mit zwei kleinen Kindern in einem Keller hauste. Und diese junge Mutter erinnerte sich an den Doktor, der ihre kranken Kinder zuvor behandelt hatte, ohne Geld dafür zu verlangen, und der nun selbst krank und erschöpft dalag, und sie brachte es ihm.

Der Doktor erkannte das Brot sofort und war tief bewegt: »Wenn es das noch gibt, dass Menschen ihr letztes Stück Brot miteinander teilen, mache ich mir keine Sorgen um uns alle«, sagte er. »Dieses Brot hat viele Menschen satt gemacht, ohne dass einer davon gegessen hätte! Es ist ein heiliges Brot.« Oft hat der alte Doktor das Brot später noch nachdenklich angeschaut und daraus Kraft und Hoffnung geschöpft in bedrückenden Tagen.

Die Söhne spürten, dass ihnen der Vater in diesem alten Stück Brot näher war als in den teuren Möbeln und den vielen Kunstschätzen. Hier hielten sie viel mehr in den Händen, und das sollte bei ihnen bleiben als geheimnisvolle Kraft zum Leben. Sie teilten das alte Brot zum Andenken an ihren Vater unter sich auf und zur Erinnerung an Christus, der einst als Erster das Brot der Liebe gebrochen hat.

Lied
Wir tauschen aus, wir tauschen ein

T: E. Bücken, M: C. Lehmann
aus: Es sind doch deine Kinder, © tvd-Verlag, Düsseldorf 1983

VI Kommunionfeier mit Kindern im Krankenhaus und zu Hause

Einige kurze Gedanken zur Geschichte und zum nachfolgenden Evangelium

Ein kleines Stück Brot in unserer Geschichte hat viele Menschen gestärkt und ihre Seelen satt gemacht – ohne dabei weniger zu werden. Die Menschen, die es weitergegeben haben, und die Söhne des alten Vaters erfuhren etwas von der geheimnisvollen Kraft, die im Brot der Liebe steckt. Diese Kraft kann heilen und erneuern.

In der Nacht, als Jesus gefangen genommen wurde, einer schweren Nacht also für ihn, hat er mit seinen Freunden auch Brot geteilt beim letzten Abendmahl. Jesus feiert ein Festmahl mit seinen Freunden – und das in einer Stunde, als ihm vielleicht so gar nicht nach Feiern zumute war. Damit zeigt er uns: Gerade dann, wenn es uns nicht gut geht, ist es wichtig zusammenzukommen, miteinander zu reden, zu essen und zu trinken, um den Geschmack des Lebens wieder zu spüren – damit uns Angst und Sorgen nicht erdrücken können.

Zuvor hatte Jesus ein Gleichnis erzählt. Auch wir werden es gleich hören. Darin kommen kranke, alte und bedrückte Menschen vor, die ein reicher Mann zu sich einlud. Bestimmt hatten sie schon lange kein Fest mehr feiern können. Als die Einladung kam, zögerten sie nicht – ganz anders als die Gäste, die der Reiche zuerst gebeten hatte zu kommen: Die waren gesund, es ging ihnen gut, und trotzdem hatte jeder eine andere Ausrede, warum er nicht an dem Fest teilnehmen konnte!

Natürlich war der reiche Mann enttäuscht – und so fragte er eben stattdessen die Armen, Kranken, Alten und Einsamen, und die schlugen seine Einladung nicht aus! Sie kamen und feierten mit ihm ein rauschendes Fest des Lebens. Hören wir nun die Gleichniserzählung, die Lukas in seinem Evangelium aufgeschrieben hat.

Schriftlesung: Lukas 14,(1).16–23

Aus der Frohen Botschaft nach Lukas.
Alle: Ehre sei dir, o Herr!

Als Jesus einmal im Haus eines wichtigen Mannes zu Gast war, erzählte er diese Geschichte:

Ein Mann veranstaltete ein großes Festmahl und lud viele dazu ein. Als das Fest beginnen sollte, schickte er seinen Diener und ließ

Erstkommunionfeier für ein krankes Kind

den Gästen, die er eingeladen hatte, sagen: Kommt, es steht alles bereit! Aber einer nach dem andern ließ sich entschuldigen. Der erste ließ ihm sagen: Ich habe einen Acker gekauft und muss jetzt gehen und ihn besichtigen. Bitte, entschuldige mich! Ein anderer sagte: Ich habe fünf Ochsengespanne gekauft und bin auf dem Weg, sie mir genauer anzusehen. Bitte, entschuldige mich! Wieder ein anderer sagte: Ich habe geheiratet und kann deshalb nicht kommen. Der Diener kehrte zurück und berichtete alles seinem Herrn. Da wurde der Herr zornig und sagte zu seinem Diener: Geh schnell auf die Straßen und Gassen der Stadt und hol die Armen und Kranken, die Blinden und die Lahmen herbei. Bald darauf meldete der Diener: Herr, dein Auftrag ist ausgeführt; aber es ist immer noch Platz. Da sagte der Herr zu dem Diener: Dann geh auf die Landstraßen und vor die Stadt hinaus und nötige die Leute zu kommen, damit mein Haus voll wird. Und die Menschen kamen und feierten mit dem Herrn ein fröhliches, großes Fest.

Frohe Botschaft unseres Herrn Jesus Christus!
Alle: Lob sei dir, Christus.

Fürbitten

In der Frühzeit der Kirche brachten die Christen Wein und Brot von zu Hause mit zum Gottesdienst. Wenn diese Gaben eingesammelt wurden, brachten die Menschen zusammen mit ihnen Gott auch ihre persönlichen Bitten dar.

Dasselbe wollen wir tun, wenn wir jetzt die noch leere Hostienschale von Hand zu Hand weiterreichen. Wir dürfen Jesus unser Herz ausschütten und ihn anrufen: Unsere Gedanken, unsere ganz persönlichen Bitten können wir in diese leere Schale legen, aus der wir danach Jesus selbst im Zeichen des Brotes empfangen werden.

Der Zelebrant nimmt die leere Hostienschale vom Tisch und hält sie kurze Zeit in stillem Gebet in den Händen. Danach wird die Schale an den Nächstsitzenden weitergereicht und am Ende wieder auf den Tisch gestellt. Zu den »stillen Fürbitten« kann nach Wunsch ruhige Musik eingespielt werden.

Ruf nach den Fürbitten
Die Anrufung wird jeweils von der Lektorin bzw. dem Lektor gesprochen und von allen mit »Bitte für uns« beantwortet.

L: Jesus, du Brot, das Hoffnung schenkt. *Alle:* Bitte für uns!
L: Jesus, du Brot,
   das nach Geborgenheit schmeckt. *Alle:* Bitte für uns!
L: Jesus, du Brot, das unsere Seele
   satt machen will. *Alle:* Bitte für uns!
L: Jesus, du Brot, das uns heilen will. *Alle:* Bitte für uns!
L: Jesus, du Brot, das uns Zuversicht gibt. *Alle:* Bitte für uns!

Zelebrant: Unsichtbar in der Hostienschale liegen nun unsere Sorgen und Bitten. Jesus, nimm sie an und verwandle Sorge in Freude, Ohnmacht in Stärke. Darum bitten wir dich und danken dir.

Nach der Gabenbereitung, dem Hochgebet, dem gemeinsam gesprochenen Vaterunser, dem Friedensgruß und dem Agnus Dei (gemeinsam gebetet) folgt der Empfang der Kommunion.

Kommunion
Der Zelebrant erhebt die Hostie.

Seht das Lamm Gottes. Es nimmt hinweg alle Sünde und Not der Welt.
Alle: Herr, ich bin nicht würdig, dass du eingehst unter mein Dach, aber sprich nur ein Wort, so wird meine Seele gesund.

Wer dieses Brot isst, wird leben in Ewigkeit.
Herr, stärke uns durch dieses Brot!

Mit den Worten »Der Leib Christi« reicht der Priester dem Kind die Hostie. Das Kind erhält die Hostie ganz oder, wenn das nicht möglich ist, nur ein kleines Stück davon. Das Kind antwortet (falls möglich) mit »Amen« und empfängt die Eucharistie. Anschließend wird ihm bei Bedarf etwas Wasser gereicht.
Nach dem Kind empfangen die Mitfeiernden die Kommunion.

Lied

Gott lädt uns ein zu seinem Fest

T und M: Manfred Siebald
© 1976 Hänssler Verlag, 71087 Holzgerlingen

Gott lädt uns ein, zu sei-nem Fest lasst uns gehn und es al-len sa - gen, die wir auf dem We-ge sehn. Gott lädt uns ein. Das hal-tet fest, wenn wir gehn. Wo-rauf noch war-ten? Wa-rum nicht star - ten? Lasst al - les and - re stehn.

oder *Singet, danket unserm Gott,* GL 277, 1. und 3. Strophe

Nach der Kommunion

Ein Mann namens Hanns-Dieter Hüsch hat ein Gedicht geschrieben. Es heißt »Das Fest des Lebens«. Darin heißt es unter anderem:

Ich bin vergnügt, erlöst, befreit.
Gott nahm in seine Hände meine Zeit,
mein Fühlen, Denken, Hören, Sagen,
mein Triumphieren und Verzagen.
Das Elend und die Zärtlichkeit. (...)

Was macht, dass ich so furchtlos bin
an vielen dunklen Tagen?
Es kommt ein Geist in meinen Sinn,
will mich durchs Leben tragen.

Was macht, dass ich so unbeschwert
und mich kein Trübsinn hält?
Weil mich mein Gott das Lachen lehrt
wohl über alle Welt.

Hans Dieter Hüsch

Wir sind nicht immer furchtlos an dunklen Tagen und schon gar
nicht unbeschwert, und manchmal fällt das Lachen schwer. Aber in
dem Gedicht wird ja auch gesagt: »Es kommt ein Geist in meinen
Sinn, will mich durchs Leben tragen.« Dieser Geist, der uns trägt und
so erfüllt, dass uns das Lachen dann doch immer wieder gelingt, ist
der gute Geist Gottes.

Fügen wir an die Strophen des Gedichtes einfach eine weitere an:

Was macht, dass ich so lieben kann
und hoffen immer neu?
Weil mich mein Gott in Armen hält,
und hält mir stets die Treu.

Gebet
Gütiger Jesus! Wir haben jetzt dein Fest des Lebens gefeiert! Du bist
zu N. und zu uns allen gekommen, damit deine Kraft uns »in Fleisch
und Blut« übergeht. Dafür danken wir dir. Wir wollen diese Kraft
noch einmal spüren und reichen uns darum jetzt die Hände.

*Alle Anwesenden reichen einander die Hände. Der Tischaltar wird von
dem »Ring«, den die Teilnehmenden bilden, wenn möglich umschlossen.*

Zu einem Ring verbinden sich unsere Hände. So sind wir untereinander verbunden – und Jesus Christus ist mit in unserem Bund.

Stark ist dieser Bund und fest. Er hält aus und trägt – so wie Gott dich, N., und uns alle trägt und nicht loslässt.

Dass du, liebe/r N., dich in die Geborgenheit, die Gott schenkt, einkuscheln kannst wie unter die Flügel seines Engels, dazu wollen wir Gott jetzt um seinen Segen bitten – für dich und alle, die dich begleiten.

Segensbitte
Der Herr segne und behüte dich.
Der Herr lasse sein Angesicht leuchten über dich und sei dir gnädig.
Der Herr wende dir sein Antlitz zu und schenke dir seinen Frieden!
(*Alle*: Amen.)

Das gewähre euch der dreieine Gott: der Vater und der Sohn und der Heilige Geist.
(*Alle*: Amen.)

Geht hin in seinem Frieden und feiert sein Fest des Lebens!
(*Alle*: Amen.)

Lied
Entdeck bei dir, entdeck bei mir den nächsten Schritt

T: F.K. Barth u. P. Horst M: P. Janssens
Aus: Der Herr ist mein Sinn © Peter Janssens Musik Verlag, Telgte

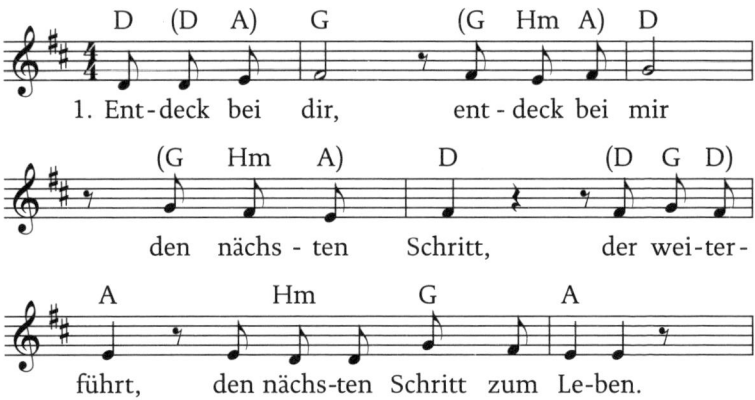

1. Ent-deck bei dir, ent-deck bei mir den nächs-ten Schritt, der wei-ter-führt, den nächs-ten Schritt zum Le-ben.

VI Kommunionfeier mit Kindern im Krankenhaus und zu Hause

Schenk der Hoff-nung lan-gen A-tem, schenk der Hoff-nung lan-gen A-tem.

2. Erquicke dich, erquicke mich mit einem Schritt,
   der weiterführt, mit einem Schritt zum Leben.
   R: Schenk der Liebe große Augen. (2x)

3. Vertrau auf dich, vertrau auf mich beim nächsten Schritt,
   der weiterführt, beim nächsten Schritt zum Leben.
   R: Schenk dem Glauben starke Arme. (2x)

4. Komm, stärke dich und stärke mich zum nächsten Schritt,
   der weiterführt, beim nächsten Schritt zum Leben.
   R: Schenk dem Hunger frische Nahrung. (2x)

oder *Lobe den Herrn,* GL 258, 1. Strophe

Erinnerungszeichen

Der Priester überreicht dem Kind zum Abschluss ein Geschenk als Andenken an die Feier der Ersten Heiligen Kommunion, zum Beispiel einen kleinen Bronzeengel (oder alternativ den »Hosentaschenengel«, s. S. 150–151).

Von Jesus eingeladen
Kommunionfeier mit Kindern in der Klinikkapelle

Oft sind Kinder im Krankenhaus nicht an das Bett gebunden. Wenn einige Kinder und ihre Eltern an einer gemeinsamen Feier in der Klinikkapelle interessiert sind, kann diese besonders kindgerecht gefeiert werden und den Krankenhausalltag auf willkommene Weise unterbrechen.

Schalen mit Fingerfarben werden vorbereitet. Am Eingang zur Kapelle taucht jedes Kind seine Hand in eine Farbe, die es sich aussuchen darf, und hinterlässt einen Handabdruck auf einem weißen Blatt (Zeichenblock). Wasser und Tücher bereithalten, um die Farbe vor Beginn des Gottesdienstes wieder abzuwaschen!

Die Blätter werden vorsichtig abgetupft und mit Wäscheklammern an einer vorne aufgespannten Leine befestigt.

Wenn möglich, nehmen die Teilnehmenden im Halbrund um den Altar Platz.

Teelichte werden bereitgehalten, die bei den Fürbitten angezündet und auf den Altar gestellt werden.

Lied zur Eröffnung
Wir feiern heut' ein Fest

M: L. Edelkötter T: R. Krenzer
© Musik: KiMu Kinder Musik Verlag GmbH, Essen
© Text: Rolf Krenzer Erben, 35683 Dillenburg

1. Wir fei - ern heut' ein Fest und

kom - men hier zu - sam - men. Wir fei - ern

heut' ein Fest, weil Gott uns al - le liebt.

Refr.: He - rein, he - rein! Wir la - den al - le ein. He-

rein, he - rein! Gott lädt uns al - le ein.

oder: *Du hast uns, Herr, gerufen,* GL 505

Kyrie

Jesus, du kennst uns, du weißt, warum wir hier im Krankenhaus
sind, du weißt, wie es uns geht und dass unsere Eltern sich Sorgen
um uns machen.
Herr, erbarme dich.
Alle: Herr, erbarme dich.

Jesus, manchmal haben wir keine Geduld, zanken untereinander,
lassen unsere schlechte Laune an anderen aus. Jetzt sind wir hier
und wollen einander verzeihen. Auch du verzeihst uns!
Christus, erbarme dich.
Alle: Christus, erbarme dich.

Jesus, manchmal verlässt uns der Mut. Uns tröstet nicht einmal,
dass du unser Freund sein willst!
Wir sind müde, und wir haben Angst.
Herr, erbarme dich.
Alle: Herr, erbarme dich.

Nimm uns an, so wie wir sind – auch dann, wenn wir einen
schlechten Tag haben. Gib uns Glauben und Hoffnung,
ganz viel Mut und Kraft!
Danke, dass du uns zum Fest an deinem Tisch einlädst.

Kommunionfeier mit Kindern in der Klinikkapelle

Einführung

Schaut euch einmal die Handabdrücke hier vorne an! Keine Hand gleicht der anderen. Ich nehme an, jeder erkennt seine eigene Hand wieder.

So verschieden wie unsere Hände, so verschieden sind wir selbst! Jeden von uns gibt es nur einmal. Jeder ist einzigartig.

Seht euch um: Die Mütter, die Väter, alle, die hier in diesem Raum sind, keiner gleicht dem anderen! Gott hat das wunderbar gemacht. Du, ich, jeder Einzelne von uns ist etwas ganz Besonderes! Deshalb ist es so schön, wenn mehrere Menschen beieinander sind. Wenn wir alle gleich wären, hätten wir uns gar nichts zu erzählen.

Und wenn wir ein Fest feiern – denkt an eure Geburtstage oder an eine schöne Familienfeier –, dann kann jeder etwas anderes besonders gut und leistet so seinen Beitrag zum Fest. Einer kann gut backen, ein anderer basteln, eine dekoriert wunderschön das Zimmer, eine andere bringt alle zum Lachen oder macht Musik!

Auch heute wollen wir ein Fest feiern, und wir alle wollen etwas dazu beitragen: durch Singen und Mitbeten, durch das Anzünden von Kerzen, damit es schön hell wird in diesem Raum, aber auch, indem wir Gott in der Stille erzählen, was uns bewegt. Denn jeder hat seine eigenen Gedanken und Bitten, und Gott nimmt sie alle an, weil er uns liebt – jeden von uns.

Lied
Wenn du singst, sing nicht allein

T/M: Hans-Georg Surmund © Impulse Musikverlag, Drennsteinfurt

G   C   G   C

Wenn du singst,   sing nicht al - lein,___

F   C   Fm   Cm   G

steck and - re   an.___   Zieh den Kreis   nicht zu

C   F   C   G   C   G⁷

klein,   zieh den Kreis   nicht zu   klein.

2. Wenn du lachst, lach nicht allein, steck andre an,
   Lachen kann Kreise ziehn.
   Wenn du lachst, lach nicht für dich, lach andern zu.
   Zieh den Kreis …

3. Wenn du sprichst, sprich nicht allein, steck andre an,
   Sprechen kann Kreise ziehn.
   Wenn du sprichst, sprich nicht für dich, sprich andre an.
   Zieh den Kreis …

4. Wenn du hörst, hör nicht allein, steck andre an,
   Hören kann Kreise ziehn.
   Wenn du hörst, hör nicht für dich, hör andern zu.
   Zieh den Kreis …

5. Wenn du lebst, leb nicht allein, steck andre an,
   Leben kann Kreise ziehn.
   Wenn du lebst, leb nicht für dich, lebe mit Gott.
   Zieh den Kreis …

oder *Erfreue dich, Himmel,* GL 259, 1., 5. und 6. Strophe

Kommunionfeier mit Kindern in der Klinikkapelle

Schriftlesung: Nach Matthäus 9,9–13

Jesus lädt uns ein, mit ihm zu feiern – so wie er ganz oft mit seinen Freunden gefeiert hat. Er hat Brot und Wein mit ihnen geteilt. Doch das war kein gewöhnliches Brot, und auch kein gewöhnlicher Wein. Jesus hat den Lobpreis über diese Gaben gesprochen und seinen Freunden gesagt: In diesen Zeichen werde ich immer bei euch sein. Hört nun, wie Jesus an einem Festmahl mit vielen unterschiedlichen Menschen teilnahm und was er damals sagte:

Jesus lud einen Mann namens Matthäus ein, mit ihm zu gehen, und Matthäus folgte ihm. Am Abend aber bat er Jesus und seine Freunde in sein Haus zum Essen. Matthäus war ein Zöllner. Und nun kamen viele andere Zöllner und Leute, die von aller Welt verachtet und gemieden wurden, und sie aßen zusammen mit Jesus und seinen Jüngern.

Draußen standen einige Gesetzeslehrer, die glaubten, viel besser zu sein als diese Gesellschaft. Sie fragten die Freunde Jesu: »Wie kann euer Meister sich nur mit solchen Leuten abgeben?«

Jesus hörte diese Worte. Er sagte: »Habt ihr schon einmal einen Arzt gesehen, der nur zu den Gesunden geht? Genauso gehe auch ich zu den Leuten, die mich brauchen!«

Evangelium unseres Herrn, Jesus Christus.
Gemeinsam: Lob sei dir, Christus.

Gedanken zur Schriftlesung

Heute will Jesus mit uns feiern. Ganz gleich, wie verschieden wir auch sind: Er hat uns alle eingeladen! Zwar sind wir keine Zöllner – das waren Steuereintreiber, die bei den Menschen sehr unbeliebt waren und deshalb ausgegrenzt wurden. Aber wir haben ihn nötig wie so viele der Frauen, Männer und Kinder, die ihm damals zuhörten und ihn um seine Hilfe baten.

Oft geht es uns schlecht; wir haben Heimweh und fühlen uns allein; wir sind kraftlos; wir haben keine Lust mehr, uns anzustrengen. Es ist gut, dass Jesus genau weiß, wie es um uns steht, und dass er unser Freund sein will! Denkt daran, was er gesagt hat: »Ich gehe zu den Leuten, die mich brauchen.«

Fürbitten

Jesus lädt nicht nur uns ein, sondern ganz viele Menschen. Für sie wollen wir nun beten. *Bei jeder Bitte zündet jeweils ein Kind aus dem Kreis, eines nach dem anderen, ein Licht an.*

- Für die Menschen, die einsam sind und sich nicht trauen, dem Ruf Jesu zu folgen.
  Alle: Wir bitten dich, erhöre uns.
- Für alle unsere Freunde, die Nachbarn und die Verwandten, die heute nicht hier sein können.
  Alle: Wir bitten dich, erhöre uns.
- Für die Kinder auf der Welt, die in Armut leben oder unter Krieg leiden.
  Alle: Wir bitten dich, erhöre uns.
- Für alle Kinder in diesem Krankenhaus, dass sie bald wieder ganz gesund werden.
  Alle: Wir bitten dich, erhöre uns.
- Für unsere Eltern, Großeltern und Geschwister.
  Alle: Wir bitten dich, erhöre uns.
- Für alle, die in diesem Krankenhaus für uns sorgen.
  Alle: Wir bitten dich, erhöre uns.

Nun halten wir eine kurze Stille, in der jeder einen Wunsch, eine eigene Bitte vor Gott tragen kann: …
  Alle: Wir bitten dich, erhöre uns.

Jesus, lass alle Menschen spüren, dass Gott sie beschenken will!

Vaterunser

M: Peter Janssens T: Liturgie © Peter Janssens Musikverlag Telgte, Westfalen

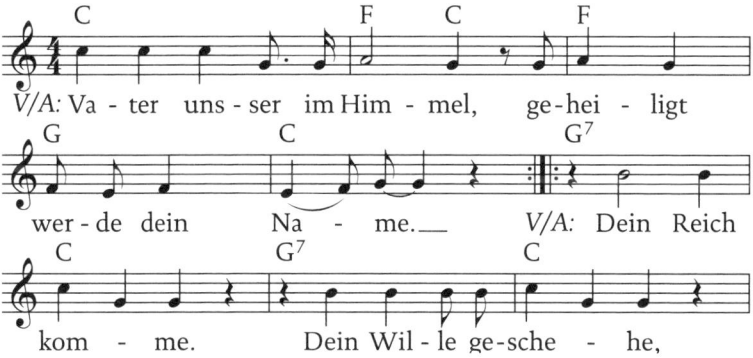

wie im Him-mel so auf Er - - - den.

V/A: Un - ser täg - li - ches Brot gib uns

heu - te.___ Und ver - gib uns

un - se - re Schuld, wie auch wir ver -

ge - ben un-sern Schul - di - gern. V/A: Und

füh - re uns nicht in Ver-su - - - chung,

son-dern er - lö-se uns von dem_ Bö - sen;

denn dein ist das Reich und die

Kraft und die Herr-lich-keit in E - wig-keit,

A - men, A - - - - men.

Kommunion

Dankgebet

Jesus hat uns froh gemacht. Er schenkt uns neue Kraft.
Wir sagen ihm Dank, dass er uns in Freude oder Traurigkeit niemals
allein lässt!

Lied

Komm, Herr, segne uns

T/M: D. Trautwein, © Strube Verlag, München

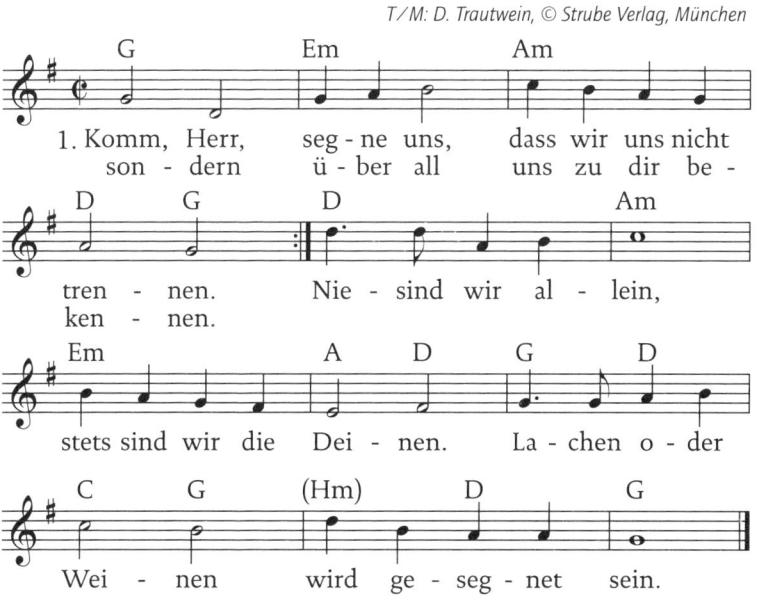

1. Komm, Herr, seg - ne uns, dass wir uns nicht
   son - dern ü - ber all uns zu dir be -

tren - nen. Nie - sind wir al - lein,
ken - nen.

stets sind wir die Dei - nen. La - chen o - der

Wei - nen wird ge - seg - net sein.

oder: *Nun singe Lob,* GL 638, 1. bis 3. Strophe

Segensbitte

Es segne uns der Vater und der Sohn und der Heilige Geist.

Bleib bei uns, Herr, mit all deinen Gaben.
Bleib bei uns bis ans Ende der Zeit.
Viele Tage und Stunden, Sekunden, Gedanken:
Du stehst zur Hilfe bereit.

Aus: Hausgottesdienste mit Kranken, Verlag Herder u.a., Freiburg i.Br. 1977, S. 136

Kommunionfeier mit Kindern in der Klinikkapelle

VII
GEBETE UND SCHRIFTTEXTE
ZUR AUSWAHL

GEBETE

Vater unser im Himmel,
geheiligt werde dein Name.
Dein Reich komme.
Dein Wille geschehe, wie im Himmel so auf Erden.
Unser tägliches Brot gib uns heute.
Und vergib uns unsere Schuld, wie auch wir vergeben
unseren Schuldigern.
Und führe uns nicht in Versuchung,
sondern erlöse uns von dem Bösen.
Denn dein ist das Reich und die Kraft und die Herrlichkeit
in Ewigkeit.

Gegrüßet seist du, Maria, voll der Gnade.
Der Herr ist mit dir.
Du bist gebenedeit unter den Frauen,
und gebenedeit ist die Frucht deines Leibes, Jesus.
Heilige Maria, Mutter Gottes,
bitte für uns Sünder, jetzt und in der Stunde unseres Todes.

Du, Gott, bist das Licht in allen Lichtern;
Du, Gott, bist eine Blume, herrlicher als alle Kronen;
Du, Gott, bist eine Salbe gegen alle Schmerzen;
Du, Gott, bist die unwandelbare Treue ohne Falschheit;
Du, Gott, bist der gute Wirt, der uns aufnimmt
In allen Herbergen, an allen Orten.
Mechthild von Magdeburg

Als mein Gebet immer andächtiger und innerlicher wurde,
da hatte ich immer weniger und weniger zu sagen.
Zuletzt wurde ich ganz still.

Ich wurde, was womöglich noch ein größerer Gegensatz zum
Reden ist,
ich wurde ein Hörer.

Ich meinte erst, Beten sei Reden.
Ich lernte aber, dass Beten nicht bloß Schweigen ist,
sondern Hören.

So ist es: Beten heißt nicht, sich selbst reden hören,
beten heißt still werden und still sein und warten,
bis der Betende Gott hört.
Sören Kierkegaard

Siehe, Herr,
ich bin ein leeres Gefäß,
das bedarf sehr, dass man es fülle.
Fülle du es, mehre mir den Glauben.
Alles, was ich habe, ist ja in dir beschlossen.
Darum bleibe ich bei dir,
dir muss ich nicht geben;
von dir kann ich nehmen – die Fülle.
Martin Luther

Verr, du legst jedem nur so viel auf,
wie er tragen kann.
Schenk mir jeden Tag aufs Neue
Geduld, Mut, Lust und Freude.
Du weißt, meine Kraft ist begrenzt.
Danke, dass du mich verstehst!
Quelle unbekannt

Gott, sich von dir abwenden heißt fallen.
Zu dir sich hinwenden heißt aufstehen.
In dir bleiben heißt sicheren Bestand haben.
Gott, dich verlassen heißt sterben.
Zu dir heimkehren heißt neu zum Leben erwachen.
In dir weilen heißt leben.
Augustinus

Gott, zu dir rufe ich am frühen Morgen
hilf mir beten und meine Gedanken sammeln;
ich kann es nicht allein.

In mir ist es finster, aber bei dir ist das Licht;
ich bin einsam, aber du verlässt mich nicht;
ich bin kleinmütig, aber bei dir ist die Hilfe;
ich bin unruhig, aber bei dir ist der Friede;
in mir ist Bitterkeit, aber bei dir ist die Geduld;
ich verstehe deine Wege nicht,
aber du weißt den Weg für mich.
Dietrich Bonhoeffer

Zu dir fliehe ich

Zur Ruhe kommen
möchte ich,
Herr, du mein Gott,
denn ich bin unruhig
wie einer, der auf der Flucht ist.
Gehetzt bin ich
wie ein Tier,
dem eine Meute Hunde nachjagt.
Meine Gedanken wirbeln umher
wie ein Haufen dürrer Blätter,
den der Sturm auseinanderpeitscht.
Fern vom Gelingen

sind meine Tage,
und in den Nächten
finde ich keinen Schlaf.

Sei mir Zuflucht!
Was mich umtreibt,
nimm in deine Hände,
denn du, Gott, bist es,
der die Dinge meines Lebens ordnet.
Ich bin nicht preisgegeben
blinder Schicksalsmacht.
Du birgst mich
und lässt mich bei dir
zu Hause sein.

Du begleitest meinen Weg
auf dieser Erde.
Ich möchte, Herr, dass manchmal
mich dein Atem streift,
damit ich spüre:
Du bist da.
Sabine Naegeli

Ich schaue zurück

Gott,
mein Gott,
wie kurz bemessen
war die Zeitspanne
von meiner Kindheit
bis zum Altwerden!
Wie nahe zusammengerückt
sind die Jahre meines Lebens
in meiner Erinnerung!
Mir ist,
als hätte ich alles durchmessen,

was Menschendasein ausmacht:
Freude und Leid,
Hoffnung und Verzweiflung,
Geborgenheit und Verlassensein,
Sinnerhelltes und Unbegreifliches,
Angst und Vertrauen.
Was bleibt,
wenn ich alles überschaue,
ist die Dankbarkeit für alles Schöne,
für alles, was gelang,
aber auch Ungeheiltes,
Bestürzung über manches Versagen.
Doch wie die Abendsonne
alles in ihr mildes Licht taucht,
so legt sich über das Gewesene
der tröstende Glanz deines Friedens.
Mit dir gehe ich Hand in Hand
in die Dämmerung,
die nun herabsinkt,
dem Licht entgegen,
dem keine Dunkelheit mehr
sich nahen kann.
Sabine Naegeli

Ein Engel ist jemand,
den Gott dir ins Leben schickt,
unerwartet und unverhofft,
damit er dir,
wenn es ganz dunkel ist,
ein paar Sterne anzündet.
Phil Bosmans

Morgengebet

In der Frühe, Herr,
suchen wir dein Angesicht.
Du lässt es Tag werden aus der Nacht
und erleuchtest mit der Sonne alle Welt.
Wie die ganze Schöpfung sich ausstreckt nach dem Lichte,
zu leben von den Strahlen der irdischen Sonne,
so bringe, Herr, unser Leben ans Licht
und besiege durch Jesus Christus,
dein ewiges Licht,
alle Finsternis unserer Seele.
Frank Topping

Abendgebet

Müde bin ich, geh zur Ruh,
schließe meine Augen zu;
Vater, lass die Augen dein
über meinem Bette sein.

Hab ich Unrecht heut getan,
sieh es, lieber Gott, nicht an.
Deine Gnad und Jesu Blut
machen allen Schaden gut.

Alle, die mir sind verwandt,
Gott, lass ruhn in deiner Hand;
alle Menschen, groß und klein,
sollen dir befohlen sein.

Kranken Herzen sende Ruh,
nasse Augen schließe zu.
Gott im Himmel, halte Wacht,
gib uns eine gute Nacht.
Luise Hensel

VII   Gebete und Schrifttexte zur Auswahl

Ohne Vorbehalt und ohne Sorgen,
leg' ich meinen Tag in Deine Hand.
Sei mein Heute, sei mein Morgen,
sei mein Gestern, das ich überwand.
Frag mich nicht nach meinen Sehnsuchtswegen,
bin in Deinem Mosaik ein Stein.
Du wirst mich an die rechte Stelle legen,
Deinen Händen bette ich mich ein.
Edith Stein zugeschrieben

Jesus, dir leb ich!
Jesus, dir sterb ich!
Jesus, dein bin ich
im Leben und im Tod.

O sei mir gnädig,
sei mir barmherzig!
Führ mich, o Jesus,
in deine Seligkeit!

Jesus, gib Glauben,
stärk meine Hoffnung!
Jesus, schenk Liebe und Treue
bis zum Tod!

Jesus, dir dank ich,
Jesus, dich preis ich.
Jesus, dich lob ich
jetzt und in Ewigkeit.

Heimkehren

Wie ein Herbstblatt
sich leise löst
vom Baum,

so möchte ich
mein Leben lassen,
wenn die Zeit
reif geworden ist.
Leicht möchte ich sein,
nicht festhalten wollen,
im Fallen noch
mich dir entgegenfreuen.
Sabine Naegeli

Unter deinen Schutz und Schirm
fliehen wir, heilige Gottesgebärerin.
Verschmähe nicht unser Gebet in unseren Nöten,
sondern errette uns jederzeit aus allen Gefahren,
o du glorwürdige und gebenedeite Jungfrau,
unsere Frau, unsere Mittlerin, unsere Fürsprecherin.
Führe uns zu deinem Sohne,
empfiehl uns deinem Sohne,
stelle uns vor deinem Sohne.
Aus dem 4. Jahrhundert

GEEIGNETE PSALMEN

Unter Gottes Schutz – Tag und Nacht

Ich hebe meine Augen auf zu den Bergen:
Woher kommt mir Hilfe?
Meine Hilfe kommt vom Herrn,
der Himmel und Erde gemacht hat.

Er lässt deinen Fuß nicht wanken;
er, der dich behütet, schläft nicht.
Nein, der Hüter Israels
schläft und schlummert nicht.

Der Herr ist dein Hüter, der Herr gibt dir Schatten;
er steht dir zur Seite.
Bei Tag wird dir die Sonne nicht schaden
noch der Mond in der Nacht.

Der Herr behüte dich vor allem Bösen,
er behüte dein Leben.
Der Herr behüte dich, wenn du fortgehst und wiederkommst,
von nun an bis in Ewigkeit.

Psalm 121

Psalmen die – zum Teil in Auszügen – aus dem Gotteslob gebetet
werden können, sind außerdem:
Psalm 18 (GL 712): Ich will dich rühmen, Herr, meine Stärke
Psalm 22A (GL 715): Gottverlassenheit und Heilsgewissheit
Psalm 23 (GL 718): Der Herr ist mein Hirte
Psalm 27 (GL 719): Der Herr ist mein Licht und mein Heil
Psalm 28 (GL 720): Zu dir rufe ich, Herr, mein Fels
Psalm 46 (GL 650): Gott, unsere Burg
Psalm 71 (GL 733): Zuflucht bei Gott
Psalm 77 (GL 734): Ich rufe zu Gott, bis er mich hört
Psalm 91,1–4.9–16 (GL 698): Unter dem Schutz des Höchsten
Psalm 116A (GL 746): In Todesnot
Psalm 139 (GL 755): Der Mensch vor dem allwissenden Gott

SEGENSGEBETE

Der Herr sei vor dir,
um dir den rechten Weg zu zeigen

Der Herr sei neben dir,
um dich in die Arme zu schließen
und dich zu schützen.

VII Gebete und Schrifttexte zur Auswahl

Der Herr sei hinter dir,
um dich zu bewahren
vor der Heimtücke böser Menschen.

Der Herr sei unter dir,
um dich aufzufangen, wenn du fällst,
und dich aus der Schlinge zu ziehen.

Der Herr sei in dir,
um dich zu trösten,
wenn du traurig bist.

Der Herr sei um dich herum,
um dich zu verteidigen,
wenn andere über dich herfallen.

Der Herr sei über dir,
um dich zu segnen.

So segne dich der gütige Gott.
Aus dem 4. Jahrhundert

Es segne dich der ewige Gott.
Sein Heil schenkt er denen,
die Hilfe und Heilung brauchen.
Sei getröstet in Christus.
Sein Platz ist an deiner Seite,
wenn du den Mut verlierst.
Werde ruhig im Schöpfergeist,
der die Leidensseite des Lebens durchformt.
Albert Dexelmann

Ich wünsche dir den Frieden der Meeresdünung,
den Frieden einer sanften Brise,
den Frieden der schweigsamen Erde,
den Frieden einer klaren Sternennacht.
Ich wünsche dir den Frieden Jesu Christi,
der unser Friede ist für alle Zeit.
Irisches Segensgebet

Es segne uns Gott,
der immer und überall bei uns ist:
am Morgen, am Mittag und am Abend des Tages, unseres Lebens
und auch in der Nacht unseres Todes.

Es segne uns Gott,
der uns begleitet
im irdischen und im himmlischen Leben,
der Vater, der Sohn und der Heilige Geist.
Indianische Weisheit

Geeignete Lesungstexte

Geschichten von Heilung und Glauben: Matthäus 8,5–13;
  Matthäus 8,16–17; Matthäus 9,1–8; Matthäus 9,27–30;
  Matthäus 9,32–34; Matthäus 12,9–14; Matthäus 15,29–31;
  Matthäus 20,29–34; Lukas 5,12–16
Gleichnisse vom Glauben und von Gottes Reich: Matthäus 13,31–32;
  13,44–46; Lukas 14,15–24; Lukas 15,1–10
Geschichten über Angst und Rettung: Matthäus 8,23–27;
  Matthäus 14, 22–33; Johannes 10,11–15
Geschichten über Vergebung und die Menschenfreundlichkeit Gottes:
  Matthäus 9,9–13; Matthäus 18,12–14; Lukas 19,1–10;
  Johannes 14,15–16.19; 1 Johannes 3,1–2
Worte über das Vertrauen und die Macht des Gebetes: Lukas 11,9–13;
  Römer 8,22–30; Jakobus 5,13–18
Worte über die Liebe: Johannes 13,34–35; Galater 5,13–26;
  Philipper 2,5–11; 1 Johannes 2,7–11
Vom Brot des Lebens: Matthäus 14,13–21; Matthäus 15,32–39;
  Matthäus 26,20–29; Johannes 6,32c–35; Johannes 6,48–51
Für Kinder: Matthäus 19,13–15

Geeignete Lieder aus dem Gotteslob (GL)

Anhang

*Vertrautes Liedgut findet sich außer-
dem in den Diözesananhängen.*

Geeignete Lieder aus dem Gotteslob (GL)

Verzeichnis der Bibelstellen

Anhang

Quellen

S. 47   Von dir geliebt, Huub Oosterhuis, aus: Heinrich Plock / Klemens
         Richter (Hg.), Hausgottesdienste mit Kranken, Verlag Herder,
         Freiburg i.Br. 1980

S. 54f. Du, Gott, nimmst mich wahr, Sabine Naegeli, aus: Dies., Die
         Nacht ist voller Sterne. Gebete in dunklen Stunden, © Verlag
         Herder GmbH, Freiburg i.Br., 5. Auflage 2008

S. 57   Ich wünsche dir Gelassenheit und Vertrauen, Anselm Grün, aus:
         Ders., Gestärkt von guten Mächten, © Kreuz-Verlag, Stuttgart
         1999

S. 71f. Psalm 23, Wilhelm Willms, aus: Ders., roter faden glück,
         2. Auflage 1977, © Verlag Butzon & Bercker

S. 72f. Meine Seele wohnt bei dir (Psalm 84),Uwe Seidel aus:
         Hanns Dieter Hüsch/Ders., Ich stehe unter Gottes Schutz,
         © tvd-Verlag Düsseldorf, 10. Auflage 2007

S. 73f. Du machst mich frei (Psalm 119), Uwe Seidel, aus:
         Hanns Dieter Hüsch/Ders., Ich stehe unter Gottes Schutz,
         tvd-Verlag Düsseldorf, 10. Auflage 2007

S. 76   Gesegnet deine Trauer, Sabine Naegeli, aus: Dies., Die Nacht ist
         voller Sterne. Gebete in dunklen Stunden, © Verlag Herder
         GmbH, Freiburg i.Br., 5. Auflage 2008

S. 120   Sprich du das Wort, das mir Befreiung gibt, Huub Oosterhuis,
         © Verlag Herder GmbH, Freiburg im Breisgau

S. 135   Wir denken jetzt an Jesus, aus: Hausgottesdienste mit Kranken,
         Verlag Herder u.a., Freiburg i.Br. 1977, S. 133

S. 151   »Unter deinen Flügeln«, Gerhard Schöne, aus: Lichtboten.
         Impuls Kalender 2006 für die Advents- und Weihnachtszeit mit
         Kindern, hg. vom Bistum Essen, Dezernat Pastoral, 2006,
         © Buschfunk Musikverlag, Berlin

S. 151   »Ein Engel für traurige Tage«, Original in: Don Bosco Magazin
         2/2006, © Don Bosco Verlag, München

Originaltext: Mein Engel für traurige Tage
schlüpft meistens ganz heimlich ins Haus.
Ich brauche ihn gar nicht zu rufen.
Er kennt sich bei mir gut aus.

Wir hocken dann still beieinander.
Er sagt nicht: »Tu dies oder das.«
Er spürt meine Ängste und Sorgen,
und zwischen uns tut sich was.
Mein Engel kommt nicht, um zu zaubern.
Er will wie ein Freund bei mir sein.
Die traurigen Tage, sie bleiben,
die Angst aber wird sehr klein.

S. 162f. Ich bin vergnügt, erlöst, befreit, Hans Dieter Hüsch, aus: Ders./ Uwe Seidel, Ich stehe unter Gottes Schutz, © tvd-Verlag Düsseldorf, 9. Auflage 2002

S. 176   Gott, hilf mir beten, Dietrich Bonhoeffer, aus: Ders., Widerstand und Ergebung, © Gütersloher Verlagshaus, Gütersloh, in der Verlagsgruppe Random House GmbH

S. 176f. Zu dir fliehe ich, Sabine Naegeli, aus: Dies., Die Nacht ist voller Sterne. Gebete in dunklen Stunden, © Verlag Herder GmbH, Freiburg i.Br., 5. Auflage 2008

S. 180f. Heimkehren, Sabine Naegeli, aus: Dies., Die Nacht ist voller Sterne. Gebete in dunklen Stunden, © Verlag Herder GmbH, Freiburg i.Br., 5. Auflage 2008

S. 178   Ein Engel ist jemand, Phil Bosmans, © Verlag Herder GmbH, Freiburg im Breisgau

S. 179   In der Frühe, Herr, Frank Topping, © unbekannt

S. 180f. Wie ein Herbstblatt (Heimkehren), Sabine Naegeli, aus: Dies., Die Nacht ist voller Sterne. Gebete in dunklen Stunden, © Verlag Herder GmbH, Freiburg i.Br., 5. Auflage 2008

S. 183   Es segne dich der ewige Gott, Albert Dexelmann, aus: Ders., Kranke begleiten. Anregungen und Beispiele für die Praxis der Krankenpastoral in der Gemeinde, © Verlag Herder GmbH, Freiburg i.Br. 2000

Autorinnen und Autoren

JUDITH FLANHARDT
Kath. Theologin, Pastoralreferentin und Supervisorin (DGSv), frühere
Tätigkeit in der Gemeinde- und Hochschulpastoral; Referentin in der
Erwachsenenbildung: u.a. Trauerbegleitung, medizinethische Aus- und
Fortbildung; seit mehr als zehn Jahren in der Krankenhausseelsorge tätig.

PETRA GAIDETZKA
Kath. Theologin, berufliche Tätigkeit (1983–1994) beim Bischöflichen
Hilfswerk Misereor e.v. und als Geschäftsführerin eines Fachverbandes
im Deutschen Caritasverband, seitdem freie Autorin, Redakteurin und
Referentin in der kirchlichen Bildungsarbeit, ehrenamtliche Tätigkeit in
verschiedenen Arbeitsfeldern in einer Aachener Innenstadtgemeinde.

MARIA HAUK-RAKOS
Staatl. anerkannte Erzieherin, Dipl.-Religionspädagogin (FH), von 1990–
1997 als Gemeindereferentin und Lehrerin für kath. Religion in der Diö-
zese Eichstätt tätig, derzeit in Teilzeit als Religionslehrerin i.k. an der
Volksschule Dietfurt/Altmühl beschäftigt, seit 1996 Tätigkeit als freie
Autorin und Referentin in der Erwachsenen- und Familienbildung, zahl-
reiche ehrenamtliche Tätigkeitsfelder, z.B. im Rahmen der Vorleseinitia-
tive »Deutschland liest vor e.v.«, als Regisseurin eines Kindertheaters und
einer Puppentheaterbühne sowie in der KED (Kath. Elternschaft Deutschlands).

GÜNTER KANNENGIESSER
Kath. Theologe, Bildungsreferent i.R., langjährige pastorale Tätigkeit in
einer Aachener Innenstadtgemeinde, vielfältige Erfahrungen aus der
Kranken- und Seniorenpastoral.

SUSANNE KÖRBER
Kath. Theologin, Tätigkeit als Pastoralreferentin in Ratingen und Düssel-
dorf, danach Aus- und Weiterbildungsreferentin für pastorale Dienste im
Erzbistum Köln, 1999–2006 in der Hochschulseelsorge tätig, seit 2006
Pastoralreferentin im Seelsorgebereich Düsseltal-Flingern und Geistliche
Begleiterin der KFD (Kath. Frauengemeinschaft Deutschlands) auf Stadt-
ebene in Düsseldorf.

IDA LAMP

Kath. Theologin, Psychosoziale Beraterin (Psychoonkologie, Sterbe- und Trauerbegleitung, Supervision), seit 1986 freiberuflich als Autorin, Referentin und Beraterin tätig, 1999–2004 Seelsorgerin im St. Franziskus-Hospiz, Erkrath-Hochdahl, 2004–2007 Projektbegleitung eines Demenzprojektes im Altenheim Reginenhaus, Hamm-Rhynem.

FRANK NORBERT MÜLLER

Pfarrer an St. Agnes, St. Ursula und St. Kunibert in Köln nach langjähriger Tätigkeit als Schulseelsorger und Hochschulpfarrer, Geistlicher Beirat der Gemeinschaft der Vinzenz-Konferenzen Deutschlands e.V. (seit 2002) und Mitglied im Bundesvorstand des SKM, Katholischer Verband für soziale Dienste in Deutschland e.V. (seit 2004).

BRIGITTE SCHMIDT

Kath. Theologin, seit 1982 Pastoralreferentin im Erzbistum Köln, 1982–2005 in der Gemeindeseelsorge tätig mit vielfältigen Erfahrungen in der Kranken- und Seniorenpastoral, seit 2006 Referentin für Gemeindepastoral im Stadtdekanat Bonn.